万川 reflections

一步万里阔

Hired: Six Months

失去合约的人

Undercover in

后工业社会英国低薪职业者的抵抗

Low-Wage

[英] 詹姆斯·布拉德沃斯（James Bloodworth）著　　杨璧干 译

Britain

中国工人出版社

图书在版编目(CIP)数据

失去合约的人：后工业社会英国低薪职业者的抵抗 /
(英) 詹姆斯·布拉德沃斯著；杨璧千译.
— 北京：中国工人出版社，2020.7
书名原文：*Hired: Six Months Undercover in Low-Wage Britain*
ISBN 978-7-5008-7445-4

Ⅰ.①失… Ⅱ.①詹… ②杨… Ⅲ.①就业－研究－英国 Ⅳ.①D756.182
中国版本图书馆CIP数据核字(2020)第105581号

著作权合同登记号：01-2020-2005

失去合约的人：后工业社会英国低薪职业者的抵抗

出版人　王娇萍
责任编辑　董佳琳　邢　璐
责任印制　栾征宇
出版发行　中国工人出版社
地　　址　北京市东城区鼓楼外大街45号　邮编：100120
网　　址　http://www.wp-china.com
电　　话　(010) 62005043（总编室）　010 (62005039)（印制管理中心）
　　　　　(010) 62004005（万川文化项目组）
发行热线　(010) 62005996　(010) 82029051
经　　销　各地书店
印　　制　北京盛通印刷股份有限公司
开　　本　880毫米×1230毫米　1/32
印　　张　6.875
字　　数　135千字
版　　次　2020年8月第1版　2021年3月第2次印刷
定　　价　46.00元

目录

第三部　南威尔士谷地

第四部 伦敦

前　言

2016年初，阳光重新露脸、冬日寒霜渐褪之时，我驾着一辆破老爷车离开伦敦，前往体验平常看不见的另一种生活。现今每20名英国人中便有1名只靠最低工资糊口，出身并现居没落的某产业或制造业重镇，这些人中外来移民所占的比例也逐渐提高。为了探讨英国低薪工作的现况，我决定实地体验：跳进庞杂无章且缺乏人情味的生产机器中，成为打造英伦繁荣的一枚小螺丝钉。我打算深入薪资过低的机构，一探究竟。我将前往这富裕社会的边缘，与生活捉襟见肘的男男女女为伍，观察长久衰退后，就业率是否如预期般提高，大家又是否都能安居乐业。我要加入的这个群体就业不易，要找到一份稳定又令人满意的工作，可能比得到奥斯卡奖还难，而这样的人越来越多了。

2008年经济危机后，英国官方奉“撙节”为圭臬，声称政府“已经没钱了”，因此大砍公共服务预算，或者外包给民间企业，起码比公营更有效率。从此，举国上下似乎自我感觉更加良好：大家都认定英国就业率屡创新高，乐观看待劳动市场的变化——如此阳光的想法，正是忽略了当代经济波动的本质。没错，有工作人的比例变高，却有越来越多的人薪资待遇欠佳、劳动环境高风险且工时不稳定、工资增长又跟不上物价变动。经济危机后，全英国的自雇人数超过100万人，其中多半从事“零工经济”（Gig Economy）活动，劳动权利不受保障。如果每周能兼职五小时，可能就不属于英国政府认定的失业人口，因为他们算是“尚有工作”，可他们付不起房租。即便是从事全职工作，前景同样堪忧：英国正经历史上最长期的薪资停滞，冻涨多年终于调升。

在本书中，我打算写出劳动的不稳定本质以及英国经历的种种变迁。半个世纪前，阿兰·西利托（Alan Sillitoe）在次文化小说《浪子春潮》（*Saturday Night and Sunday Morning*）中，描写了反英雄主角亚瑟在诺丁汉（Nottingham）工厂担任车床加工员，或许亚瑟痛恨这无聊透顶的工作，但要是身体抱恙，他起码还能请一天病假休息，现在的工厂可没这种福利。

如果老板没空理亚瑟，他可以找工会干部抱怨几句；不幸被炒鱿鱼了，工作再找就有，毫不困难。当时的镇上总有几家酒吧和俱乐部，是下班后喝酒社交的好去处。总而言之，尽管当年劳资双方的斗争永无止境，大家都很清楚，大环境已经发生了根本性的改变。

昔日社会民主的年代，约于1984年前后谢幕，当时对待罢工示威的办法，就是出动警棍伺候，打得工人头破血流，难以想象保守党出身的前首相哈罗德·麦克米伦（Harold Macmillan）还曾称呼劳工是“这世上的一等人，能击退威廉二世和希特勒的军队，具备永不服输的气魄”。小报上刊载了抗争现场的照片，示威矿工遭警方彻底击溃，昏死的脸庞占满整个版面。这景象似乎精准捕捉到了那一刻对工人运动而言，是多么痛的领悟。

经过短暂过渡期，男女劳工纷纷又落入原先做牛做马的处境，资方勉为其难地容忍他们存在，或许还带有相当鄙夷，劳工群体自此再难发声。

诚然，过去40年，英国人的整体生活质量获得大幅改善；若是一味怀旧，只会钻进死巷，毫无帮助。虽说自由世界逐渐成形，另一个世界却逐渐瓦解。矿藏没有了，多数工会也近乎关门大吉，只剩少数组织苟延残喘，又因为公共部门的限制而束手束脚、难有作为。要是西利托笔下的亚瑟活在今日，大概会和资方签份零工时合约，进到昏暗的仓库开始劳动，备受恫吓、心中不安，老想着要争取两分钟上洗手间，好暂时逃离领班用鼻孔看人的视线。要谈论劳工现况，势必触及阶级议题。每一代人都声称阶级已死，事实上，好多世代过去了，阶级都未曾真正“入土为安”。一旦在阶级社会的秩序中失足，往往会一路跌进无穷贫困的螺旋。但时至今日，即使是稍微向下流动，就可能燃起人内心的阶级仇恨。

本书是我对当今劳工阶级生活的报道，而不在于印证个人既有偏见。实际上，田野调查计划起步前，我对接下来会怎样发展一无所知。说实话，我本来抱持着开放的心态启动计划，在过程中却不免受影响，反倒变得更为偏激。毕竟经过亲身经历，我发现许多情况竟比原先所想的还糟，而我本以为，在这世上数一数二富裕的国家里，根本不会有这些事发生。

回到“正常”的世界里随便拿起一份英国报纸，字里行间不时流露出一种态度：穷人之所以过得惨，是因为他们道德沦丧，也对人生重大决定不痛不痒，毫无责任感。

显然，老派维多利亚式的观感仍深植人心。那个年代，已有亨利·梅休（Henry Mayhew）在报道19世纪伦敦社会现况，著成《伦敦劳工与伦敦贫民》（*London Labour and the London Poor*）。在出版这部断代志第四卷时，他加上了这样的副标题：一部分人好好工作，一部分人不能工作，一部分人不肯工作。

今日，欧洲社会依旧惯用这种不切实际的断然划分，其实也是承袭自维多利亚时代：那时流行伪科学的阶级理论，结论就是把底层人民扔进济贫院，对海外殖民地的穷光蛋则亮出刺刀伺候，开膛破肚。怡然舒适的荣华与悲惨下贱的污秽之间，并不如许多人想象般需要横越一道鸿沟。事实上，要在当代英国误入贫困，一点也不难，而且很多时候跟个人做了哪些选择并没有太大关系。

我不会说这趟“卧底”之旅的体验就能够等同于那些不得已之人身处其中的经验。我终究只是个过客，如果真的撑不下去，大可到银行领钱，或尽快抽身回去过舒服的日子。我之所以亲身参与，从不是为了站在自我中心的立场，取得理由来捍卫我观察方法的“真实性”。起初，我的想法很简单：最有效的观察方法就是跳进去，借此好好探究低薪劳动的境况。直至今日，我的想法都未曾改变。

我在观察之旅中，很少遇到有哪个工人能得空向《卫报》（*The Guardian*）投稿，理直气壮地表达意见，阐述自己平常怎么生活。为何当今出身蓝领阶级的作家屈指可数？工作性质正是一个原因，他们的生活形态根本无法支持赶稿出书的条件。从事写作最基本的先决条件，至少得有足够空闲，能好好坐下来不受打扰地写出个八万来字，同时不必担心突然断电或饿得头晕眼花、无以为继。

工人阶级的写作之路，途中可见太多阻挠，纵使有千言万语也难成字句。本书的存在，但愿不会成为工人阶级写作的另一障碍。向来，凡是意欲改变工人阶级现况的运动，都得打动足够多的中产阶级才有可能成功。而我相信，写几部像本书一样的著作，正是一种有效的推动手段。同时，它并不是碎片化的，不只是写给已对议题有感的人翻阅，也不只是一本同温层*间流传的小册子。

此外，我还想说明一件可大可小的事：本书提及的工作类型，我其实在20岁出头时便早都做过了。我出身萨默赛特桥水市，由母亲独力养大，因对学校教育失望而辍学，后来历经几次困苦重考，才终于上了大学，成了家里四个孩子中唯一的大学

* 指生存环境、生活状态、价值观等十分相近的生活圈及生活状态。

生。因此，这本书不是什么“下探”贫民窟的体验纪实，而是重新审视过去的旅程，带我重返当初挣扎逃离的世界，好好看一看。

我不想写出什么“大部头”，用枯燥浮夸的方式探讨“撙节”或“贫穷”，毕竟这种书已经够多了。我只想亲身体会人间疾苦，就算只经历一小部分也好，然后写下来，写一本有关真实人类生活的书。

做好打算后，我便着手实行。参与观察之初，我只草草写上粗略计划：打算花六个月时间，只要是最低工资的职缺就去应征，有什么做什么。一开始，我连旅程的起点都不确定，只有一个简单的打算：在哪儿找到工作就去哪儿，然后尽可能只靠这份新工作来养活自己。

一路上，我邀请过很多人坐下来聊聊，对他们进行访谈，也只有这些访谈对象知道我的真实目的。在这些时候，我暂时放弃伪装，再次成了一个写作的人。要是有哪个老板知道我在做什么，一定只会派个低阶公关人员来敷衍我。过去我找到一家机构进行访谈，就真的遇上了这种事。说起来，当时我厌倦了一般访谈中的谎言，受访者自己都不信自己说的话，只是为了拿钱。我不想再听到这些，才决定自己跳进去看看。政治局势方面，自开始写作本书，一任政府下台了，新内阁取而代之。睽违近30年，英国政治重新出现了一抹社会主义气氛。大西洋另一头，立场善变的美国新任总统上台，无疑让英国社会再次重视承诺，意欲援助“遭到放弃”的一群人、受全球化波及丧失政治发声权的人。这股同情氛围可能会很快消散，但愤恨之情仍将徘徊不去。因为很多事需要享有安逸与富足，才有可能视而不见。

说到底，本书谈的是21世纪的英国劳工阶级生活。本书的主旨是记录转变，描述工作如何从一种骄傲沦为无情、无人性、对尊严的践踏。本书呈现的是一系列劳动处境速写，而非详尽的调查研究。毕竟，我无法遍访各地，也没办法做遍每份工作，观察所有雇主，但我也不认为自己的所见所闻仅仅是特例。我很肯定，若读者走出家门，必定会亲眼见到与书中描述雷同的景象。回头再读此书，相信你会心生不安，颇有感触。

詹姆斯·布拉德沃斯，写于2017年11月

第一部　鲁吉利

亚马逊拣货员

–1–

傍晚，六时一刻，午餐时间的铃声响起：广播器隆隆作响，传遍仓库每个冷飕飕且了无生气的角落。这铃声听起来活像低档门铃音乐，也像在模仿八音盒旋律，让人想起塑料女伶站在盒盖上，随着音乐徐徐旋转，但这铃声却显得有几分诡异。

我排着队、手插口袋，正等着往外走，虎背熊腰的警卫突然一个箭步冲上来，指使我两手举高。“往前走，老兄，我可没那个闲工夫等你慢慢晃过去。”他沉稳地说。我向前，让警卫给我迅速搜身，后面还排着一条高低不平的队伍，约有30名看来累坏了的男女，其中东欧移民工人占多数。三名警卫尽力把这群人推过安检扫描机。大家都赶时间，没空搭话，只忙着掏空口袋，拔下衣服上所有可能过不了安检的配件，比如皮带、手表，甚至连裤袋里的喉片也不放过，就怕那瘫软黏腻的小东西会冒犯敏感的金属探测器。

前方队伍发生了点骚动：一名警卫和一个憔悴的罗马尼亚年轻人起了口角，正为一支手机吵得不可开交。我们都很困惑，只能安静地看着。

警卫：“你明明知道不能带这个进来，你进来的第一天就应该知道。”

罗马尼亚人：“我要等一通很重要的电话，我房东说要打给我。”

警卫：“你可以等下班再说啊，别人都可以，你为什么不行？已经好几次了，但我还是要重申：不、准、给、我、带、手、机！懂了没？好，我要去通知你们经理。”[1]

这地方的气氛就和我想象中的监狱没两样，多半规定都是为了预防轻微窃盗行为。每次换班，都得通过机场级别的超大安检门，就算只是休息或上厕所，也要走过一遍，无一例外，进出一次大概要花10到15分钟。排队等警卫检查口袋的这些时间，不算工资。进工厂不准穿连帽上衣，也不准戴墨镜。“如果你昨天喝多了，眼睛充血，一看就知道。”一位脸色红润又身材壮硕的女士警告道，口吻严肃。到职第一天，这名叫作维基的女士就来给新人下马威：“眼睛会告诉我们很多事。”[2]大伙在大工厂里走来走去，斯塔福郡乡间，约有十座足球场大的厂房，经历许多挥洒血汗的时光，才等来短短的休息时间终于可以喘口气。

午餐——我们称之为午餐，尽管要到傍晚六点才吃得到——堪称一次轮班十个半小时的中间点。经过漫长的例行安检，所有人涌进大食堂，再往四面八方分散，宛若一队蚂蚁大军飞向蚁巢。大部分人劈头就往食堂里冲，抓了餐盘排队，只想抢到好位置。争先恐后的大队人马中间，偶尔夹杂几声吼叫，怨声载道。因为比较好吃的热食数量有限，一下就会被前面二十几个人扫光。可见僧多粥少，越早卡位越好，就算要挤开同事也在所不惜。这种时候没人再讲什么义气，踩在别人头上才有饭吃，我不踩你，你就踩我。如果像那位冒失的罗马尼亚年轻人一样卡在安检这关，还挨了一顿听不太懂的臭骂，可能得再等上六七个小时，才有机会见到喷香可口的绞肉浸在肉汁里，盘里还堆满淀粉类主食。

食堂地板擦得发亮，屋檐下充满东欧话的交谈声，好像带动了整个地方的活力。食堂活像座营业中的剧院般灯火通明，还总有一股浓浓的消毒水味。五十多个人坐在桌前，对着小而黑的餐盘埋头，一匙接一匙鬼祟地舀起绞肉和薯条往嘴里送。吃饱喝足，罗马尼亚人总能收拾干净，不留一点残渣，老实说他们大概是我所遇过的最一丝不苟的工人了。除了和我们同桌吃饭的几人，其他十来名男性围着咖啡机，从头到脚一身运动服，手插口袋。一有女士婀娜走过、抛来媚眼，便悄悄跟上前去。食堂另一头有一扇大窗户，可见发电厂那巨大的灰色冷却塔。循着大烟囱的身影，往上一望，烟囱正将阵阵白烟呕进空气中，寒鸦环绕滑翔，好似纸片的余烬翻飞。

这份工作的福利就是供餐价格实惠，喝茶和咖啡也不用钱，自动贩卖机也多，不必争抢。吃有绞肉、马铃薯块或薯条，配上一罐饮料和一条巧克力棒的一餐，共花费4.1镑，只比准备食材的成本稍高一点，而且食物都是热腾腾的。如果自己做三明治带来，要吃的时候都凉了。吃的东西和餐费不是问题，真正难的是要争取时间，我本人成功在午休时间内吃完一餐、喝光一杯茶的次数，手指头就数得出来。规定的午餐时间有一个半小时，但实际上，吃饭的时间勉强只占一半，而且总是匆匆忙忙，一刻不得悠闲。好不容易走进餐厅，得先穿过一片人山人海，从饿狼似的同事间推挤出一条路，才能端着餐盘坐下来。这时顶多还有15分钟时间吃饭，狼吞虎咽解决后，又得花一番功夫再走回厂房。回程，路上会有两三名英国本地人主管始终如一地等在工作站前，比画着他们手腕上一只不存在的表，咄咄逼人地大吼，指控工人迟到了30秒：“今天通知午休时间延长了吗？”“我们不是付钱请你来泡茶聊天的！”[3]

在全世界生意做得最大的零售业者——亚马逊上班就是这么回事。我任职于集团旗下一家大型物流中心，担任订单拣货员。工厂位于斯塔福郡的鲁吉利镇，约雇用了1 200名左右的员工，大多数是东欧裔，其中又以罗马尼亚人占多数。罗马尼亚人见到有本地人来此工作，总是啧啧称奇，不懂为什么有英国人会想委屈自己。

“我只是好奇问问，但你是英国人吗？在这边出生的？”“对，我是英国人。”“那你怎么会来做这个？我没别的意思啦。”来工厂上班的第二天，一个红发微胖的女孩子这么问我。[4]过了一个星期，她见到我便抓住我的手臂猛力摇晃，说她好想离开，好想马上打包行李回家。“我讨厌这里，我恨这里的一切。”她咬着牙，嘶声说。她和男朋友一起来英国，原本只打算做一个月，存点钱带回故乡——一个特兰西瓦尼亚旁的小村庄。殊不知，不论是工作本身或者这个城市，都和她原来想象的英国完全不同，英国不该是这样。“我讨厌这些人，我讨厌脏兮兮的泥巴，我也讨厌这份工作……我根本不喜欢这个国家……有好多印度人。到处都是！”

亚马逊的这座超大厂房建在运河与发电厂间的荒地，顺着一条路往下走，还有家经营死牛买卖的公司。我们工作的工厂是一幢外形如鞋盒般的方正建筑物，外墙漆着泳池般的淡蓝色，在工业区不断吐气的烟囱与潮湿绿地构成的景色中怎么看都不大和谐。工厂有四层楼，人事管理也利落地分配为四大部门，一部分人核对并拆开雪片般飞来的订单，一部分人将商品上架，一部分人——也就是我所属的第三部分——负责准备好订单上的品项，最后一部分人则负责包装好产品准备出货。拣货员的工作就是在狭长窄小的通道上来回走动，从两米高的货架上挑出需要的品项，再放进黄色大塑料箱——或称“拖箱”。这些有轮的拖箱会放在蓝色的金属推车上四处移动，装完订单物品再往下送到巨大、仿佛永无止境的输送带，输送带沿着建筑物的长边延伸，如河川入海。一天平均装箱40次，每次送到输送带上的箱子里都装满书本、DVD和各色杂货。

我们没有主管——我的意思是，没有一名会呼吸、有血有肉的真人主管。这里的每个人都配有一部手持装置，可以追踪我们的一举一动，恰似监狱里的囚犯。每名输送带主管负责管理约12名员工，他们会躲在厂房某个角落，端坐案前，把指令输入计算机。通常是警告你要加速，装置屏幕往往突然跳出“请立即回报拣货柜台”或“你过去一小时内的速率下降，请提高速度”。还会按照每个人从货架上收集品项和装箱的速度，由高至低列出排行。比方说，上工第一周主管就通知我，我的拣货速度是倒数10%：“你动作要快一点！”如果有空做点白日梦，不妨想象未来的人类身上可能会有缆线连接到电子装置（像我上班戴的这种），一天24小时，全天候上线无休止。

除了预示着人类受机器钳制的前景，这样的算法系统管理模式，正重现了泰勒（Frederick W.Taylor）的“科学管理”理论。1911年，这位有钱的费城工程师出版专书，阐述将科学方法应用于劳动活动的潜力。科学管理理论认为，每项工作的进行都应施以严密控管：监看、计时并记录工人表现。工人是生产单位，用机器进行生产时，其产出的测量方式应等同于测量机器生产量的方式，并记录一切细节。如同当时的众多知识分子，泰勒在阐述其理论时同样未曾考虑到，工人阶级也是有血有肉的人——相反地，他们常把劳动力看作一种资源，可物尽其用、创造利润。

“笔者坚信，好好训练一头聪明的猩猩搬运生铁，有可能做得比人类还好。”泰勒认为有些人根本“心智不够成熟”，“无能”理解管理理论，便在行文中冷嘲热讽。[5]到了2001年，管理学院会员（Fellows of the Academies of Management）甚至票选泰勒的《科学管理原理》（*The Principles of Scientific Management*）为20世纪最具影响力的管理学专书。

除了泰勒管理学，20世纪的思潮实践也在当代劳动场所中借尸还魂，比如说种种告诫之语。亚马逊仓库的内墙上漆着一条条正向思考的口号，一旁是眉开眼笑的员工，强调本公司全体员工都工作愉快。在一面等身大的人形立牌上，“贝姿”女士振振有词地表示：我们热爱工作，轮休时还会想念上班时间！更有甚者，所有东西原来的名字好像都不能用了，得换上委婉的说法，连称这里为“仓库”都像犯了什么法一样。第一天上班，公司就会告诉你，这栋建筑乃是“物流中心”或简称“物流”。要是闯祸了，你不是被开除或炒鱿鱼，而是被“释出的人力”。此外，鉴于“老板”和“工人”这样的分类，会暗指出台面下暗潮汹涌的劳资对立，当然也就弃而不用了。在公司里，大家都是“伙伴”，不论职位高低，都是同志。

回到工作上：每名拣货员在仓库昏暗的通道中来回推动拖箱一个早上，平均可赚29镑。在写作此书之时，亚马逊的CEO杰夫·贝佐斯（Jeff Bezos）身价已达607亿美元，一个早上就能赚进整整14亿英镑。看来，一视同仁使用“伙伴”这种称呼，仅仅是为混淆视听，让你误以为真的身处一个美满幸福的大家庭。“贝佐斯是我们的伙伴，你我也是。”到职那天，一名亚马逊主管愉快地告诉我们。[7]

除了刻意模糊劳资界线的话术都还不错，让人忘记一小时七镑工资的拣货员生活和银行账户里躺了14亿的天差地别。

半夜才下班回家的“伙伴”，拖着沉重的两条腿，脚板上的水泡经过一天劳动肿成原先的一个半大，早就化脓了，生活可要比贝佐斯这样的人困苦多了。正因如此，生活优渥的人才能用美妙修辞堆砌出那轻松写意的世界，无视血汗挥洒的艰难现实。

话说从头。亚马逊的招募程序要经过两家中介业者严格考核，我是通过Transline*找到这份工作的。

这家中介之前出了丑闻，因为有名员工在外吹嘘自己办事能力强，擅长“搞掉”求职者的寻职津贴：“如果就服处（就业服务处）介绍的人没来面试，我就让他们三个半月都拿不到补助……一群米虫……如果他们放我鸽子，就给他们一点教训，想想都觉得痛快。跟你打赌，他们应该哪天就会拿枪来堵我了！”这位女士因其冷酷的发言遭到永久停职，公司名声也一落

---

* Transline，一家人力中介公司。

千丈。[8]

在Transline，爱对下属作威作福的人可不只一个，往往还是职位不高的小主管。“小暴君”简直到处都是，如果这周没有支付全额工资又不知好歹地去追问主管，他们大概只会敷衍你，一派轻蔑，好像你不过是鞋面上掸下来的灰。

像我们这样的拣货员，在Transline签的都是零工时短期契约。我去和公司要了好几次，总是拿不到详细合同内容，后来公司里有个人告诉我，其实根本没有白纸黑字的合约，因为我签的只是零工时合同，公司不想费事。面试那天我所看到的合同，在我填上必要资料之后，就“刷”地一声被收走了。要工作满九个月，亚马逊才会决定聘你当正式员工还是一脚踢开。实际上，能好好做完九个月都算运气很好了。进亚马逊的第一天，公司就表明，我们要表现得“极为杰出”，才可能考虑留人。同时，他们耳提面命，提醒我们千万别“用打工的心态看待这份工作”。上班第一天，整个下午耳边都是这句话，听到耳朵起茧子。

留任转正职成了一份奖励，在眼前晃啊晃的——“我们只留最好的人”——吊吊胃口，像条饿狗咬住鲜美多汁的牛排，口水直流下来，到手的肉却被突然抢走：“大概还有70个人要应征这几份工作，所以别抱太大期望。”进行工作简介时，一名Transline代表不屑地表示。那时，采光良好的办公室中满是求职男女，个个脸上写着期待与渴望，反而给这番话增添了些许悲观味道。

若成为亚马逊正式员工，等于获得“蓝色员工证”的地位，人人称羡。有几位亚马逊的员工告诉我，公司常利用想得到一纸员工证的心理，诱使派遣人员做自己原先不愿意做的工作。

“基本上，他们是连哄带骗地让大家乖乖听话。”室友克里斯表示。他是罗马尼亚人，33岁，有点秃头，眼神柔和，因为烟抽多了，嗓音略微沙哑。“之前，有些空缺岗位，主管就跟我说‘嘿，你要改排班表才能帮你争取正职。不用很久，几星期就好了……’结果我做了三个月。当然，正职后来也给了别人。”[10]

当时，我们两个正站在厨房聊天。包含我和克里斯在内的五人分租一栋房屋，红砖色、屋龄超过50年，盖在一片崎岖不平的地段上。当初这是建给矿工住的“工人宿舍”，称呼沿用至今。拥挤杂乱的屋舍一撮一撮地散落在坎诺克蔡斯（Cannock Chasse）地区。由于房子颇为破旧，就算躲进屋里也不能完全逃开早春时节室外的阴冷恼人。厨房最靠近窗边的部分结了一层露水，闪着银白亮光，和院子里的草坪以及潮湿的路面一样。前院最靠外侧的部分立着颇高的篱笆，上头挂着遛狗人士遗留的小黑袋，风吹日晒，等到袋子破了，里面的脏东西就流淌到路面上。

那天，克里斯在壁炉上炸马铃薯，还从冰箱里拿了几条油亮的粉色香肠，打算配着吃。从吃的东西就能分辨出屋里住的是哪国人，比方说，腌制或烟熏加工肉品配啤酒是东欧人的家乡味；培根配鸡蛋，加点冷冻食品，是英国人的一餐；带黄斑的马铃薯和米饭一起上桌，东南亚人要开饭啦。看来，要在这座英国古城找到多元文化的蛛丝马迹，与其整天在镇上闲逛，不如走进别人家，打开冰箱便一目了然。

出租的房屋有个常见景象，就是把原先的客厅改成一间卧室，好让房东能多收一份租金。我们房东为人倒是不错，不过设备和家具还是清一色的便宜货，一旦碰撞或故障，大概就会整套一起坏掉。我睡的房间里总有股廉价油漆味儿，闻了让人想吐。一个月停电好几次是家常便饭，上班前想冲个澡也常常没有热水可用。厕所因为冲水马桶不太灵光，洗脸盆又脏，总弥漫着一股臭气。有一次，厨房里的灯突然全熄了，因为正上方浴室的洗澡水渗进楼下厨房的天花板，灯具进水出现故障。蟑螂经常从壁脚板里窜出来，在满到溢出的垃圾桶边悠闲散步。屋内采用中央空调系统，一键操控，意思是整间房子不是闷得受不了，就是冷得让人牙齿直打战。

除了我和克里斯，其他三名室友分别是：一位罗马尼亚人，名叫克劳乌迪欧；一位名叫乔的英国本地人，和他太太挤一个小房间。我很少看到克劳乌迪欧，乔倒是没事就喜欢站在门边抽烟，往人行道吐痰。乔顶上稀疏、一身刺青，蜡黄的脸满布皱纹，个性容易紧张。他总是匆匆忙忙，急躁的样子颇像一只鸟。我搬进来的第一天，他就有礼貌地和我握握手，称呼我为“英国同胞”。他说：“我们英国人啊，就应该守在一块。”然后告诉我，跟前一个房客比起来，我的到来让情况大为改善。“天杀的，之前那家伙脾气实在够差。”

住这里的五个人都在亚马逊工作，如果走路上班，大概要花40分钟。克里斯之前做过11个月的流程导览员，相当于副经理的职位，负责监控同事的工作表现。如果换班时发生品管问题，也要马上下去解决。克里斯告诉我，他在罗马尼亚时还颇为“受人尊敬”，在这里却只是一颗小齿轮。毕竟光是英国境内，亚马逊就雇用了将近8 000人，俨然一头机器巨兽，你我都显得微不足道。[11]克里斯正如我遇到的众多罗马尼亚工人一样，听信了对英国的美好描绘，来到此处才发现事实和想象相距甚远。

> 有些中介从罗马尼亚找人来就能赚中介费，有个英国人就在做这个……好像叫约翰吧，我就是通过他的公司介绍才来英国工作的……中介都会骗你，跟你说，“好，你可以去约翰·路易斯（John Lewis）百货或其他地方工作”，其实都是骗人来亚马逊。他们可能开始也想介绍我们去百货公司，结果对方并没有空缺职位。不过中介会对每个人讲这套话，像我这种履历比较漂亮的也一样。

对付克里斯这样的工人，中介公司还会不断洗脑，警告他们要是搞砸了，后面还有一大群同乡随时等着补上来。听多了这种故事，我脑中不禁浮现工人阶级作家昆布斯（B.L.Coombes）的几句话，出自他1939年描写威尔士煤矿工人的小说《穷苦的双手》（*These Poor Hands*）：一个有工作的人走到外面，看见一群人等着要份工作，顿时感觉糟透了。这场景正好提醒他，老板想怎么对他都可以，因为外面有这么多人排队等着工作机会，他不敢站出来争取自己的权利。

我和克里斯分租的房子算是他来英国之后住过比较好的地方了，至少房东不会整天想着榨干他的钱。近年，英国的购房出租市场蓬勃发展，很多人买了房子后就出租。其中有好房东，也有人只把房子当作资产“组合”，希望多从房客身上捞够油水早点回本。英国的房地产自有率已创30年来新低[12]，超过1/3的公有建筑物都落入私人手中，成了出租标的。同时，2007—2016年，购屋出租目标抵押占银行放款比例从8.5%升至17%。[13]要买属于自己的房子越来越难，出租房产的房东却越来越多，购屋出租也成了有利可图的事业。2015年，相对于所有权人从房地产增值获得的平均利润，劳工收入还不到这价差的38%。[14]

像克里斯这样的人，初来英国时搞不懂承租人权利，便成了崛起的收租阶级眼中最好下手的摇钱树。这类不择手段坑钱的房东，有些人本身也是移民或移民第二代，往往先对东欧老乡以礼相待，哄住他们后再猝不及防地直攻房客的钱财。先培养信任，然后像头饿坏的老鹰猛冲下来，一双眼睛只盯着肥美猎物。一开始，房东的话都很合理，摆出光明正大的模样，等你松懈下来，搬家成了麻烦事，房东就出手操作，租金押金一并涨个三四百镑，有时还开口要到1 000镑。这正是克里斯和他许多朋友的亲身经历。

"如果跟罗马尼亚人租房子，通常房子里会有老鼠、房间很小，单人房就是放一张床，一个星期却要你付65镑——没加其他设备。不只房租高，还要再挖你的口袋要更多钱。很多房屋中介都不合法，所以他们会突然跟我说，要再付360~370镑，就算之前有预付租金也一样，而且我明明只住几天就会搬走，想起来还真是恶心。他们会突然跟你说：'喂，你还要再多付一些。'基本上，来亚马逊上班，根本没空管其他事，像我就没那个闲时间去找中介吵架……所以我摸摸鼻子，自己搬走了。"一边和我聊着，克里斯一边倒扣平底锅，倒出炸得香脆的薯片，有些掉出盘子弹到地板上。天一黑，那些从墙板里窜出来的各种生物就能捡来当晚餐吃了。

> 这帮人想方设法地从你那儿弄钱，来这儿的所有朋友都遇到过。我之前租的屋子有个人还住着，现在遇到了同样的问题。他要预付340镑，可房东又叫他再预付三四个星期的房租。

如果中介遇到糟糕的房客，也会丢给罗马尼亚人。

> 他们让吸毒的房客跟我们合住，都是正在被告或已经判刑等待入狱的。只要对方愿意预付两到三个星期的租金，他们才不管那么多，通通丢给你，只要自己收到钱就好。之前有个毒虫卫生习惯很差，让人直恶心，房间里堆满垃圾，甚至能淹过小腿肚。任谁看到那个光景都会傻眼，屋内臭气熏天，真的住不下去。那些毒虫不但脏，还偷冰箱里的东西吃，我告知中介却没有下文，他们根本就不管。

我和克里斯不一样，是自愿选择了亚马逊的工作，想走也有后路。不过，更重要的一点是，如果我受不了，也不怕挨饿受冻，而东欧人面临的情况却严苛得多：2016年4月，罗马尼亚人的月均收入为413镑，乡村地区的收入自然更低，不得不外出讨生活。[15]

> 我们需要钱生活……现在我还得养家，时不时要寄钱给他们，不然他们就没饭吃。我们是可以住在森林里，倒是不至于真的饿死，可钱永远必要，钱永远是个问题。

和其他罗马尼亚人一样，克里斯渐渐发现自己只是在做苦工，所以听到我这个英国人竟自愿来亚马逊，大家的反应都是一脸不相信。“你干吗做这份破工作？”“怎么不做别的？”“你真的是英国人？”几乎每一天，我都会被这些问题轰炸。许多同事没有其他退路，只能赚143镑的周薪，靠粗茶淡饭和稀薄的社会福利维生。东欧城市的路面比这里还破，贫穷使得市容脏乱。相较之下，尽管我们所租房屋的厨房垃圾桶臭气冲天，也还没那么惨。

近来流行一种说法，把克里斯这样的人描述成“很高兴能来亚马逊工作”：这些移民希望迈向人生新阶段，我衷心祝他们心想事成——但这番话恐怕和现实有点出入。和克里斯在厨房对谈过几天后，我在酒吧遇到一位罗马尼亚年轻人这么跟我说：“在这里，你可能做牛做马，上班四天，就赚个240镑。对，我在这里谁也不是，但回罗马尼亚，不只谁也不是，连吃饭也吃不起。”

–2–

鲁吉利是斯塔福郡的一个小镇，这座市镇景色破败，宛如伯明翰或舒兹伯利等大中型城镇的可怜手足，永远被冷落在一旁。这小地方像是不会发生任何大事，就算原子弹横过伦敦上空，大概也会像没事般照常过日子。镇上那些脸色苍白又邋遢的人，仍会无精打采地进出慈善义卖商店，到市区大街上的餐厅外带食物。来来去去的可怜人，捧着不稳的饭碗，待遇欠佳，不论对当今或未来的政治人物来说，这些人都毫无存在感可言。

鲁吉利难以获得什么关注，因为英格兰中部和北部遍布这样无足轻重的小地方。休假时，我常到大街上的小咖啡店里喝咖啡，店内采光明亮、舒适宜人，正面的大窗户洒进大把清晨的阳光，在红白格纹桌布上形成黯淡的粉色反光。菜单简陋，只供应全套英式早餐：面包夹培根和香肠，甜点是烤苹果奶酥佐蛋黄酱——整间店充满老旧气息，两座塑料置物柜塞满了廉价软糖、大黄和奶冻卷，歪歪斜斜自墙边向天花板堆上去，加重了时光迟缓的气味。小咖啡店气氛慵懒、与世无争，沿大街往下走几步，连锁咖啡店Costa却总是人满为患，又是一种截然不同的光景。

这家小咖啡店平日门可罗雀，只有寥寥三四个人光顾，上门的人大部分都和老板有交情。店里开着声音微弱的收音机，几乎沦为背景音。也正因为整家店气氛宁静，一旦有人开口，就会把整间店的人都拉进对话里。

“各位，今天国家彩券加码，3 300万镑啊。”某天下午，一位年轻女士一边推着婴儿车进门，一边宣布道。她身上的大衣还惨兮兮地飘在门外，随着微风来回拍打。“你下了多少？”她问老板。老板是位丰满的中年女士，年约50岁，总是一脸忧心。

“最近镇上好冷清，”老板回答，“连超市都没什么人。”

我向那位年轻女士搭讪，询问镇上的就业情况，她坚定地表示，亚马逊里面“都是东欧人”，和我所知相去不远。“他们都从伯明翰搭火车来，成群结队地下车，让人以为这儿是国外的车站。听说，有人睡在运河桥下面，反正就是那类的地方。”

这时，店里一位驼背的老太太尖声加入谈话，用一种满是同情的语气表达对鲁吉利涌入外地人的看法。

“我觉得这不是文化差异……我是说，他们就是没钱。这些人也很穷……有点像我们。只是他们决定乘上巴士来英国，到亚马逊讨口饭吃。其实他们的处境很容易理解，真的。”

话说完，老太太稍微挺直肩膀，摘掉眼镜、眯起双眼，缓缓摇头。“真的不难理解。尤其是那些十八九岁的女孩子，从远方而来，就为了从早到晚的工作。”

推婴儿车的女士告诉我，当年亚马逊进驻鲁吉利时，可是“轰动全镇的大事”。

> 亚马逊带来了大量工作机会，结果这儿谁都没拿到，对吧？反而让大家不满。听说因为休息时间之类的，很多人都不想干了……就是叫你在手臂上戴个东西，连你走了几步都知道。

这位女士愤愤不平，不过炮口倒不是对着移民工人，只是不满亚马逊比较喜欢雇用外国人。

“他们才没想过要请本地人呢！”我走之前，她又指摘到。

“是没想过，还是请不到？”

“亚马逊看起来就没用过本地人，虽然只是我的观察啦。”

我问她，这边的理何矿场（Lea Hall Colliery）是什么时候歇业的。

“说起来也有一阵子了，对吧？连发电厂都要关门了。”

“六月要关。”老板打岔道。

“所以，有多少人要丢工作啊？”我终于问出这个问题。

推婴儿车的女士说：“听说大概有150个？还是发电厂要裁200个？”

老板说：“对，200个。”

有两个二十几岁的失业年轻男子，偶尔也会结伴来店里喝茶，偷偷翻看《太阳报》（*The Sun*）和《鲁吉利纪事报》（*The Rugeley Chronicle*）。他们经常边吃午饭边抬杠，有时吃完了还去隔壁的酒吧续摊，继续争论不休，主题不外乎“那些整天坐在沙发上吃吃喝喝，也不肯工作”的“米虫”，不免也会提到外来劳工问题。还有个啤酒不离手的失业男子，他本来是木匠，好几次一碰面就用瘦削的手揪住我的手臂，以粗嘎刺耳的嗓音说他儿子到处找不到地方住，都怪——这时，他往往突然压低声音——“那些东欧来的”。

根据2011年的人口调查，鲁吉利居民中的外籍人士比例仍低于英国平均值。[16]不过，从小酒吧结霜的玻璃窗往外一看，大街上有许多“罗马尼亚来的”，宛若恐怖的乌云笼罩着全镇，隐隐夹带威胁。木匠先生说自己也有移民朋友，跟“那些人不一样”，这些朋友都是“不错的人”。面对其他移民，他就“理也懒得理”。“他们来了这么多人，一下火车就一大堆，把工作都抢走了,本地工人要怎么活?”他会加强提问的语气,用满是烟渍的手指直戳向我胸口:“要到哪找工作啊?”

镇上突然增加了大量不稳定的工作岗位,引来一群过劳的移民工人大军,说着听不懂的话,也难怪让众人疑虑。同时也有一种想法,担心英国文化遭受资本主义的乌云笼罩。因为这种力量,英国各地的市区街道逐渐失去特色,满是无趣又千篇一律的连锁店,进去买东西的感觉大同小异;而商业力量却力大无穷、难以招架,一旁的波兰超市由于独立经营,反而独具一格。其实,要说谁践踏了英国文化,比起东欧来的采水果工人,麦当劳叔叔理当负更多责任。

一到鲁吉利,第一眼就能看见橱窗上显眼的红色私家侦探大型广告赫然张贴着:伴侣不老实?欢迎洽谈我们的追踪服务。这家商店也帮忙推销测谎生意。俨然是杰里米·凯尔秀呈现的偏执狂世界:忠实与诚实已经渐渐销蚀,由暂时性和市场导向原则取而代之,保证人能够立即获得满足。甩了一个男/女朋友,还可以再换,就像丢掉旧iPhone购入新款,整个人都沉浸在幻想中,情绪高涨激昂。

蓝领阶级社群本就对生活缺乏安全感,亲密关系的稳定现象更令人恐惧。特别是那些认为自己男子气概不足的男性,因为他们很难得到好的工作机会,自信感又更受威胁。

有几次,我遇到同一个年轻人在贴着红色广告的店外徘徊。他外形纤瘦憔悴,颧骨高,柔和的目光中透露着不安,说话时会很快地向对方扫一眼。他28岁,看起来却老得多,脸色油腻灰暗,嘴里少了颗门牙。年轻人在镇上一家店里工作,他曾拿到一份亚马逊的offer，但他自己放弃了。

“那还是我第一次推掉工作，”他一面急急地吞云吐雾，一面语带骄傲地说，“那都是外来劳工在做的，你知道吗？去那儿上班都找不到能说话的人，他们只跟自己人往来，就算想对他们好，东欧佬也对你没兴趣，反正就不想理你。有点像他们看不起我们，因为我们都是英国人，懂吗？”

不久，我终于知道年轻人为何老是徘徊在挂着广告的店外。

> 女人啊，最后每个都会离开我，也没给什么理由，然后就和别人在一起。我每次都遇到这种事，不知道要怎么改变。我明明很老实……我觉得我人还不坏，但她们都自动把我当成工具人。

他接着告诉我一段往事，说他在Facebook上认识了一个23岁的女生，刚开始交往的几星期，一切看似顺利。只是，从他的说法听来，他不久便表现出占有欲和控制欲，一察觉对方有开始冷淡的迹象，便用短信轰炸她——大概一天传100条。

> 她在利用我。大概整整两个半月，她花的都是我的钱。我之前就发现她出轨，她和她朋友就跟我说：“你最好别一直发短信过来，不然就有你好看。”我谁都不怕，我家里有一把剑和一把斧头。要是他们来我家找麻烦，我就拿家伙出来吓吓他们。

年轻人吐出最后一口烟，烟从缺了门牙的缝隙逸出。他又顺道提起了镇上的现况，满是悲叹。

> 这里什么东西都没有。几家彩票投注站、几间酒吧，几乎没有卖衣服之类的店——除了JD运动用品和几家别的——就这样了。我才不要去亚马逊上班。

他把烟扔到地上踩熄，蹒跚走回那家私家侦探的店内。不久前，男人还能从工作中获得认同感，可当下因经济因素沦为底层的民众，连切实存活于世的存在感也难以建立。随着工会制度的衰败，不满的情绪会暂时外现，或以个人的方式发泄，又或者将怨愤内化。表面上看，蓝领阶级好像可以抉择自己的命运：平常，就在特易购（TESCO）超市上架货品，或者将牛棚改装成客服中心致电退休老人，说服他们买些没用的垃圾。下了班，只要弄个刺青，或者理个和名人同款发型，就好像冥冥中跟流行歌手、摇滚乐手和足球员攀上了什么关系，能像他们一样登上八卦小报，神气活现。然而，幻想之下的事实就是，你根本不是大人物，无论多擅长模仿引领流行潮头浪尖的人，明天一早醒来，还是得拖着脚步去上班，继续过着无聊苦闷的日子。

和镇民聊过以后，我发现最开始的确有当地人去亚马逊工作，我自己也成为其中一员，要承认里面并没有什么排挤英国人的阴谋诡计。严格说来，亚马逊释出的工作机会并不少，不是僧多粥少的问题。实情是，大家往往入职没多久就很快辞职，公司只好再补缺，才显得三天两头都有空缺职位出现。不过，和我聊过的当地人里面，真没几个愿意长期忍受亚马逊的劳动条件。越深入研究，越是发现，这样的问题不只出现在鲁吉利。根据英国总工会（GMB Union）对亚马逊员工的一份最新调查，其结果显示：[17]

> 91%的人不愿意向朋友推荐亚马逊的工作。
>
> 70%的人认为，管理阶层没有正当理由，就扣他们工分。
>
> 89%的人感觉遭到剥削。
>
> 78%的人认为休息时间不足。
>
> 71%的人表示，每天上班走动的距离超过10英里。

"一开始进来时遇到的同事已经全走光了，八个人里面只剩我还待着。"克莱尔说。她年方十九，身材微胖、一头红发，同时在亚马逊做包装员，也在镇上的酒吧兼职。[18]

我和克莱尔来到坎诺克的Wetherspoon(连锁酒吧)楼上同桌餐叙。这家酒吧灯光昏暗，空气中满溢糖和啤酒花渣的浓浓香味。这是周间某日，刚过正午不久，酒吧里坐满了退休老人、带孩子的年轻妈妈和待业人士。在我们桌子后方，一位年轻女子正喂着襁褓中的孩子，母亲手中拿着塑料汤匙，在一片栗色仿都铎风格的装潢里显得十分突兀。放在后面一些的老虎机旁，有两个不修边幅的男子，一个把饮料紧靠在胸前，另一个身穿过大的牛仔裤，紧张兮兮地翻遍裤子上所有口袋，想找出几枚铜板来。

克莱尔边喝着橘子汁，边和我分享她许多朋友的情况。她说，很多人到亚马逊刚开始工作时都抱着很高的期待，没多久却被现实浇熄了所有热情。

“有些人找到更好的工作，就辞职走了；还没走的，都恨死了这个工作。”

克莱尔就像海报上年轻世代的代表人物，认为所谓的“终生志业”已经是过时玩意，就像软盘和VHR录像带。上一家打工的酒吧解雇了她后，她听说亚马逊在征人，便通过Transline应征了包装员。报纸上常提到亚马逊，称亚马逊在鲁吉利创造了几百个新的工作机会，而对于一个19岁的年轻人来说，时薪7英镑还不算太糟。于是克莱尔来到中介公司办公室，填写成堆的文件，还根据要求做了毒品和酒精检测。

如此，克莱尔便开始到亚马逊工作。当时是10月底，她本还烦恼怎么应付圣诞节的开销：她和母亲同住，但必须支付房租，每个月也要用转账代缴支付手机通话费。有份亚马逊的工作，起码能有余裕欢度佳节，不论是和朋友吃喝玩乐或者买礼物送家人，手头都宽裕些。克莱尔为了生活，像别人一样“骑了脚踏车便找工作去（Got of her bike）”*——不过在这儿，她搭的是亚马逊的通勤车。起初，她什么都愿意做，处于待业状态时也不愿意被登记为失业人口。可是，正如我遇见的很多人，克莱尔的期待很快就破灭了。

圣诞节都过了，Transline还是没有结算我该得的几份周薪，我后来用了整整八周才讨回来。反正，那三个星

* 谚语，意指出外求职。

> 期，差不多有37个小时都没拿到我应得的工钱。我妈后来联系了咨询、调解与仲裁服务处（ACAS, Advisory, Conciliation and Arbitration Service）。几次，试图找个解决办法。我告诉亚马逊："我们已经去找ACAS了。"隔了一个星期，我就拿到了工资……这前后总共花了三个月，中介明知道拖欠薪金却又坚决不肯给付。

经历千辛万苦才拿到第一笔工资没多久，Transline又开始欠薪了。

"前两个星期我做了40个小时，结果只拿到18镑，这其实是两个半小时的工钱。"

那星期，克莱尔拿到一小时45镑的工资，但得花好几个星期才把这笔钱讨回来。

> 我应得的工资是262镑，他们却说："抱歉，大家的工钱都混在一起了。"没付我钱的时候，就告诉我："别担心，只是薪资单出错而已。"我工作六个月，他们却已经欠了我七次工资。

克莱尔当然可以到劳动法院起诉中介，只不过打官司也是所费不赀。如果从事专业性更高的工作，周薪就可能变为月薪，因为对企业来说，其实月薪制比较合算。如果一星期发一次薪水，一年就得发52次；相较之下，月薪一年只发12次，周薪制当然耗费了更多的成本和时间。不过，如果你本来就左支右绌，熬不到第一份月薪下来，那么你得立刻马上就拿到薪水。

先用存款挡几天不失为一个好办法，但这对身处劳动市场底层的人来说有点困难，就像中产阶级也不会想到要和小额信贷公司Wonga*借钱，落入卡债人生。总之，诸如Transline等中介采用周薪制，每星期支付报酬给劳工——事实上，本应该是每星期付一次。

> 有好几次，我只能和我妈借钱来付房租，都是他们害的。如果和房东住在一起，大概只能跟房东睡一晚抵房租。他们上次付我18镑的时候，我已经欠了40镑手机费……尽管他们支付给我260镑的工资，其实也只剩下140镑，因为80镑要拿去付账单，40镑要付手机费，这星期就只剩下20镑可以用。还好我有别的工作，所以星期天还能拿到100镑，这样下星期的生活费就有着落了。不过，亚马逊和中介都不知道这些。我跟他们说："什么时候可以拿到剩下的钱？""哦，下星期吧。"他们不可能做当日给付的即时转账。

中介公司提供给亚马逊的派遣人员权益很有限，在实际情况中，这些微薄的保障又经常显得像个笑话。亚马逊的管理方式反复无常，让人无所适从，尤其是采取扣工分的惩戒制度。工人可能因为请病假、达不到拣货速度标准或者迟到被扣分。

---

* 该公司因超高利息而恶名昭彰，已于2018年8月宣布破产重整。

在“释出你这个人力”前，你有六分的额度。我有个朋友被扣了四分，他们号称她早退就扣她一分，其实是子虚乌有。后来，亚马逊的接驳车半路抛锚害得她上班迟到，就又扣她一分。再来她家小孩住院，她去照顾孩子依然被扣分，她只好辞职。我刚开始工作时遇到过车祸……我勉强去上班，但他们叫我回家，可这也要扣分。那时我就觉得：“我才遇到车祸，而且也是你们叫我回家休息的，为什么扣分？”

当时，克莱尔以为自己在亚马逊待不久了，因为她已经被扣了五分，再多一分就要被“释出”了。第一次扣分是她说的车祸事件，第二次是因为没达到生产率标准，第三次是因为公司接驳车害她迟到，也算在她头上。至于第四次，亚马逊想逼她超时工作（“公司说一定要做，我那时想：‘我已经加班五个星期了，管他的，我不干了！’”），第五次则是为了头痛请假（“那次偏头痛真的很严重，我跟他们讲：‘要带医师证明来吗？’结果他们说：‘不用，带了还是会扣分’”）。

“他们和种族主义者一样恶劣，”克莱尔语气坚定。她反驳对劳工阶级的刻板印象，即有不少人认为他们好吃懒做，对所有社会议题都抱持守旧态度。

克莱尔还告诉我，她的一个朋友因为跨性别身份而饱受Transline嘲弄，最后不得不离职。

“他是一名跨性别者，真名叫作艾丽丝（Elise），但他在外面向来自称为艾略特（Elliott），却遭到Transline的扣分惩罚。他们非得叫他艾丽丝，他当然不肯应。我是说，他正在注射睾丸素，严格意义上确实是男性。而且就算不是这样，你叫他艾略特或者艾丽丝又有什么差别呢？”

我：“他们说原因了吗？”

克莱尔：“因为她是个女孩儿，因为她‘没有那玩意儿’。”

我：“谁说的？”

克莱尔：“Transline的一个经理。”

想拿到亚马逊那人人想要的蓝色员工证，真是见鬼的难。既要表现得超群过人，也不能有任何缺点。

“想拿到那个，就别想休息，”克莱尔跟我说，“随时都要保持完美的工作效率……大概是时时刻刻，做任何事都一百分吧。”

克莱尔还有另一位朋友，快做满九个月时，因表现良好有望拿到员工证。根据克莱尔的描述，这位朋友最后把自己累垮了。每天上班，他都要从货架上替亚马逊的顾客取下成千上百的商品，从书本到厨房用具无所不包。九个月来，他成功达到所有拣货标准，上工准时、从不迟到，而且最重要的还是切实遵守那数不清的大小规定，哪怕再枝微末节，可谓管遍工作的每一部分，他都不曾违规。

可是，这美丽新世界的经济模式——也是个优胜劣汰的达尔文主义世界，在此一点小病痛都罪不可赦——最后却像吐掉槟榔渣一样将他甩开。他的罪恶，就是冒失地生了场病。当时，他在上班时间前一小时打电话给公司，依照Transline的请假规定事先告知经理。就算如此，那又如何？中介照样把他一脚踢开，没得通融。

-3-

某一天，我进工厂上班后却开始不舒服，这才是我到亚马逊的第二个星期！既然任何病痛都是违规要受罚的，我要是请病假，就要等着“扣一分”的结果。每天劳动十个半小时，中间只吃一餐容易饱腹又油腻的食物，再健康的人也受不了。要是病了就扣一天工钱，而没钱只会让人身体状况更糟，因为看病吃饭都要用钱。亚马逊自然一点都不担心这些，毕竟就是他们一手建立了这个刻薄的制度，只要工人生病请假，一律开罚。

亚马逊内部有很多管理规定，上面的人自然认定，不管是工作的哪个部分，你都能迅速完成。“生病”等同于偷懒，跟前一晚进城区玩乐喝个烂醉而影响隔天的工作是一样的——你才不是真的病了，你只是懒得来上班。因此，就算在规定的时间内提早通知中介，请病假还是照罚不误——多谢告知，这是给你扣的分，收下吧。要是没打电话提前预告你要请假，那就奉送整整三分。事先通知要请假一周，一次五分，离卷铺盖不远了。同样的，如果迟到一分钟，不仅记一分，还要扣15分钟的工资。总而言之，这里最缺乏的就是同情心。

“你们要自己照顾好自己，这里还需要你们呢。”进亚马逊的那天，一名主管如此告诉我们。[19]餐厅里准备了很多咳嗽药，理由不言自明。

销假回去上班后，有个样子笨拙、戴金框眼镜的男人自称代表中介来找我。我看到他在走廊来回进出，腋下塞着板夹，在长长的走廊上找着什么似的——后来，我才发现他是来找我的。他摆明就是中介派来的执行人员，工作内容就是到各公司告诉派遣员工有哪些过错和违规行为。他的样子却出人意料的温和，会用恭顺卑微的眼神一边望着你，一边唰唰写下有关你的记录。他和其他管理人员不同，显然做得不太情愿。他讲话结结巴巴又支支吾吾，每次试图训话反而显得软弱畏缩。他实在应该去做图书馆员，而不是在这儿施展权威。

尽管气势弱了些，执行员还是对我提出告诫，说因为前一天的病假，要给我扣一分。他没说这是处罚，但其结果与处罚别无二致。我忍耐着他平板的语气，内心不禁升起一阵怒火。不过我问他，因为生病就施以处罚，真的合法吗？况且我还按照正确程序，在上班时间前一个小时打电话请假了。

他说了个可信程度跟学校老师对五岁小孩用的差不多的理由："亚马逊的制度如此。"他没对我发脾气，反而一脸遗憾，这让事情感觉更糟。他还不如说一句："不为什么，因为我说了算。"[20]

根据我手腕上戴的计步器，我上班一天就要走动10英里，而我徒步旅行的最长距离是14英里，最短是7英里。用比较具体的方式来说明吧：第一天，从伦敦市中心出发，往东走，傍晚前可以到锡德卡普（Sidcup）。第二天，可以走到罗契斯特（Rochester）近郊。走上一星期的话，多佛（Dover）港便近在眼前，走满一个月时，都能走到比利时的安特卫普（Antwerp）了。如此长途跋涉，首当其冲受害的就是两只脚。它们变得像两块粗糙不平的蜡块，还被拖过了刨丝器。如果两只脚掌还健康柔软，又能吃饱睡饱，走10里路尽管累也不算什么。要是连续四天都一整天不停走动（还不算加班时间），中间没什么机会休息，又只吃加热食品，对两条腿的负担可完全是另一回事。

接下来的整个星期，疲倦不断累积，后来仿佛是有人来给我上了一副脚镣，扣在脚踝旁。新进员工即便曾经满怀活力，往往也日渐凋敝，像身上披的外衣一般，过了几天便松垮落地。满腔热忱、眼神明亮的年轻罗马尼亚男女，最初也辛勤奔波，忙得没空去擦脸上的汗。不过几天，他们就趴在推车上打盹想偷闲片刻，避过来回走动监督的主管，小睡一会儿也好。

我就是这样认识尼马尔（Nirmal）的。他是印度裔英国人，40岁，以前经营过一点小生意。有天晚上，我到工厂一处角落找顾客订单上的一盒花草种子。在我冲向转弯处时，不巧朝尼马尔的推车猛冲过去。这一撞发出了很大的声音，只见眼前高头大马的男人吓了一跳，像是条弹簧突然弹开一样。这人刚才明显在打瞌睡，睡了多久就不知道了。

尼马尔身材臃肿，让人联想到海象，但他的神情举止总散发着温和与友善，很容易令人卸下心防、倍感亲切。尼马尔之前经营一家小商店，2008年金融海啸后宣告倒闭。他接着开过几年货车，后来开腻了。他说："工作既辛苦又无聊，做久了脑袋都不转。"便决定到亚马逊来试一试。

其实，我来上班的第一天就注意到尼马尔了。他在就职仪式上环顾四周，一脸鄙夷与诙谐地看着那群东欧年轻人。他不时扬起一边嘴角，傻笑起来，如同皱巴巴的衬衫上再添一道折痕。记住他这表情，便很难想象尼马尔还会摆出别种样子。至于他工作的态度，就好像英国学者理查德·霍加特（Richard Hoggard）所描述的："手脚慢点，少害别人丢工作。"

“这和在银行一样，”尼马尔莫测高深地对我说，“要是有一个人动作太快，就会害了所有人。”

一有了交集，我立刻对尼马尔产生了好感。不过他在这儿待不久也是预料之中的。我工作不满一周，一个时段就能拿取180个左右的货品，平均每小时90个，表现还不算特别亮眼，远比不上那位声称“恨透”这工作的罗马尼亚红发女生——她一个时段能拿230件货品，这才叫厉害。隔天吃午饭的时候，尼马尔便朝我走来，脸上挂着大大的笑容，吹嘘他一小时是怎么拿到40件货品的。我真不忍心告诉他，他的效率其实相当低下，所以只好骗骗他：“我走得飞快，才好不容易拿了50个。”

问题显然出在尼马尔的体重上。对胖子来说，这工作等于折磨；而如果超过一定年龄，这也会是份苦差事。有一次[21]，我目睹了一个令人分外反胃的画面：某个阴天下午，我推着推车来到工厂一个鲜有人迹的角落，我看到一个年轻主管正在对付一名年纪较长的员工。那主管眼神空洞、身材壮硕，浑身散发着呛鼻的剃须水味儿，正对另一人拳打脚踢。同时，他也没忘了态度嚣张地用尽各种脏话辱骂对方。那些羞辱就好像从罐子里泼出去的臭酸牛奶。就算不动手，光用骂的，也能把那年长员工骂到体无完肤了。年长员工看上去起码60岁，他脸色发白、缩起紧绷的身子，承受主管阵阵羞辱的风暴袭击。主管发着飙，一张脸从红色涨成紫色，又转回红色，终于在无线电传出一个闷闷的声音召唤他下楼后，怒气才消退了些。老员工被丢在原地，整个人瘫软下来，仿若一包漏气的薯片。

尼马尔正好站在稍远处，同样看到了那一幕。他悄悄走向我，摇摇头说："去他的。"他轻轻笑起来："他大概做不久了。"

那名老员工的确没再待多久。当天午休，我站在外面抽烟，看见一个老先生蹒跚走出厂房，穿过第二组高大的金属安全门。这组金属门安在停车场最尾端的黑色金属围篱之间。那模样笨拙的男人双眼充血，走路的样子好像已经耗尽了所有生命力。他摇摇晃晃地走进停车场，来到一辆小小的红色车子旁，车灯已经打开，引擎发出微弱的轰鸣声。

老先生走上前去，车窗里探出一名满头乱发的老太太，动作吃力而焦急。她定定地看着老先生满面的愁容，从粗呢外套口袋里掏出一方手帕，猛地递上前。褐色生斑的手举着手帕，轻轻按在老先生脸上，恳求他说出到底发生了什么事。这场景只维持了一两分钟，却令人想哭。两位老人家隆隆驾车离去，车像泡澡时的塑料小鸭一样浮沉起落，就这么开出工厂大门外。从此以后，我再也没见过他们。

我工作的厂房顶楼很昏暗，挑高的天花板上只有小小的方形窗户，从窗外照不进来多少自然光。光源主要来自每层楼天花板上的灰色钢灯，造型与大小都和橄榄球差不多，从上方洒下颜色透着些许古怪的黄光。我们结束了十一点半的白班，通勤车便载来另一批工人开始上工，就是晚班——只不过，这些感应式电灯常常故障，每次总有十几个人大半夜还得在工厂顶楼摸黑跑来跑去。那些在亚马逊网站上按几下鼠标就买了iPhone充电器或阿黛尔专辑的人，可曾想过工厂里是这种情景？

开始这份工作后就会很快发现，主管警告的"不准在厂房内奔跑"简直是废话。禁止奔跑根本没用，因为想保住饭碗就不可能不跑。在亚马逊这个“极权国家”里规定多如牛毛，不可能不违规。如果想达成公司给每个员工订下的最低标准，冲刺加速就是家常便饭。同样，上班时间可以去喝口水、休息下，但只要离开工作岗位去找饮水机，走在半路上都有被认定为“闲逛”的风险，这也是主管耳提面命不能犯的另一种过错。每层楼约有12部饮水机，可是在这超过70万平方米的走廊迷宫，想喝水时总找不到最近的饮水机。

每天，我都从下午一点和同班的大批同事一起上工。先通过外面的安全门，走到置物柜，放下随身物品——手机、钥匙和其他会害你过不了安检的东西——然后走到拣货部门的柜台。想夹带录音装置进厂房是根本不可能的，更精确的说法是：下班过安检门时，东西就会被没收，别想再拿回来。所以，我带了一叠无伤大雅的便条纸和一支笔，放进后面的口袋。

亚马逊的安检人员权力很大，如果怀疑你偷东西，还能搜车。从早到晚，我们都得承担这么沉重的嫌疑，让我连带小小的笔和纸条都不安心，好像犯了什么不堪的罪行似的。

这里环境异常高压。我怀疑一个人犯错的机会或许比守规矩大得多，在亚马逊工作的这段时间，我总觉得头上有一大团嫌疑的乌云。就算没做错任何事，面对主管或安检人员的质问，我也会表现得畏缩害怕。全然纯粹的压迫久而久之便累积成了自我实现的预言：没几天，你就会开始幻想要反抗公司和那一大堆琐碎的规定。第一次有人抓到你开小差时，你会觉得遭受了不公平的待遇，冤屈宛如火灼；到了第二次或第三次，你只觉得很烦，因为又不小心被抓住了。

要不了多久，你就会想方设法地反抗权威，比如拿错一个东西之后便丢在地上不管，或者在厂房里偷吃点心并故意乱丢包装纸，又或者对着排列整齐紧密的书本或DVD踢上一脚，好不快活。

开始上班前，走到拣货部门的柜台报到时，会有个生产线的主管来做简报，然后骂你一顿。只有表现最好的拣货员可以得到奖赏——只不过我从没看到过有谁拿过什么奖励，但是一犯错的话，经理隔天就会如数家珍地列给你听。例如，拿完物品以后没有把储藏箱物归原位，或闲逛太久。在被贬低成“闲逛”的行为里，有很多就是上厕所这样的小事，然而主管总会在简报时间再三重申“闲晃”的可恶，好像打着生产力的大旗，生理需求就会退居一旁，消失得无影无踪。

“大家要提高自己的生产力啊！”不同的主管，同样的说辞，好像吟唱咒语一般，用公司内部行话来包装谆谆告诫：“你们闲逛占用太多时间了。”[22]要是亚马逊这么看重生产效率，与其抱怨员工冒冒失失地跷班上厕所，不如多设几间厕所。像我们这些在顶层工作的，最近的厕所要往下走四层楼才能到。其实，有次我还在某处货架上看见装着小麦色液体的瓶子，一旁是圣诞节装饰的箱子，看起来就是个不祥的预兆。

“前几天，他们把我调去拣货，还问我为什么闲逛了15分钟。”克莱尔在酒吧里这么跟我说：“我就是……我要上厕所啊！下楼梯大概要爬四层楼才能到厕所，不然我能怎么办？！”

在工作过程中如果太常留意时间流逝，无疑是自寻烦恼。刚开始的两三个小时，身为一个活生生的人——特别是受过教育的人——总想找点事做，好忘掉工作的枯燥无趣。比如，你去拿书，看到自己想要买的书，便停下来翻几页，或者欣赏一下别人订的古怪礼品，想着等到“重返文明”之后可以买来送给恋人；再过五六个小时，脑子里想的就全是食物；到了第八或第九个小时，想做点白日梦都困难，连幻想都挤不出来一点儿。翻来覆去无限重复，幻想也变得沉闷恼人。一个个下午过去，可以见到那些罗马尼亚年轻人偷偷瞄向走道，希望看见漂亮女孩路过。如果是我迈着笨拙的脚步出现，他们的脸上便闪过失望的神色。这份工作过于辛苦，让人只想抽支烟、喝点酒，任何东西都好，能让自己找回一点知觉。对中产阶级而言，这悲苦的工作本身毫无动人之处，倒是做这些工作的人，其行为举止更值得玩味——尽管这些所谓的有趣行为也因沉闷工作而生。伦敦象牙塔里的中产阶级专家认为，工人爱吃有饱腹感的食物、喜欢又油又甜的口味，并坚信这是因为工人做事效率低又优柔寡断。

毕竟，位处中产阶级的人，只会在一时脆弱或经过理性计算之后，才会这样大啖垃圾食品。中产阶级男女来根巧克力棒或一块蛋糕，是为了犒赏自己，是人生的小小乐趣。这么一点小享受，仍经过理性的选择。相对的，工人阶级会买油腻腻的炸薯片，是为了逃避现实。就像某天下午，尼马尔对我说的话：“这工作让人只想借酒浇愁。”

这话说得没错。不仅身体疲惫不堪，心里也越发麻木，需要刺激与慰藉。正如一双走得发烫又化脓的脚，夜晚回家后也需要贴点膏药缓和一下。这份工作不需要任何专业技术，不像专业人士在工作中还会不时发现一些乐趣——在亚马逊做最低阶的工作，何乐之有？花五便士买瓶可乐喝或巧克力棒吃的安慰不能改变现况，反而让浮沉在这类工作中的人显得更加景况凄惨。

半夜下班后，走进家门、踢掉鞋子，往床上一倒，便打开怀里的麦当劳纸袋和一瓶啤酒赖着不动了。我和这里的同事，或其他工作性质类似的人，没有哪个回到家还能走进厨房，好整以暇地站在炉边烫半小时青菜。如果工作和收入都不稳定，根本不足以支撑起规律的饮食习惯。电视上所谓的“老饕”，只会一味推崇精致饮食和顶级食材的美食家，看到我们这样生活，大概会觉得我们正在浪费生命，可以提前入土。

回到工作本身，关于亚马逊的内部规定，正如我先前提过的，规则只是参考，实践起来常和想象不同。休息时间就是个好例子：一个工作日里，工人有三次休息时间，分别是一次半小时的和两次10分钟的。半小时的休息不支付薪金，两次10分钟的休息则计入工时。说是两次10分钟，其实合计起来只能休息15分钟，另外五分钟是从厂房走到餐厅的时间，不计工资。实际上，从厂房后半部走到门口（别忘了，这里有10个足球场大），再通过机场级的安检关卡才能抵达休息区。要是再扣掉休息结束前在拣货部门柜台花掉的两分钟，整个“15分钟休息”大约只剩下六分钟。

“那个休息太荒谬了，”克莱尔表示，“半小时还算包含了路上的时间，可是另外两次休息可用时间大概也就五分钟，我要先走到柜子拿支烟或手机出来，再到外面时间就差不多了，又要马上回去工作，准备拿包裹。”

在亚马逊工作期间，我从来没拿到雇用契约，不知道自己的权利或可以主张的事项。我知道的情况都是来这儿之前被中介粗略提供的，至于那些罗马尼亚同事连英国劳工最基本的权利都不太清楚，不论遭受多严酷的对待，他们也认为仍属正常。这就是英国，这里的人分为两种：一种是希望你们通通回家去，别来抢工作；另一种则会写信给自由派的媒体，称赞你们真是好劳工，认真工作，实在令人钦佩。

–4–

理何矿场开设于1960年，是英国煤炭局（National Coal Board）建立的第一座现代化矿厂。1991年1月25日宣告关闭，导致1 250人失业，其关闭前每周亏损30万英镑。坎诺克蔡斯煤矿矿藏丰富，一度曾有48个矿坑，但经营末期亏损严重。1993年，仅存的利特顿（Littleton）矿坑也关停。除了因矿场倒闭而直接失业的劳工，周边受连带影响的人数也颇为可观——当年，理何矿场是全欧洲同类矿场中规模最大的，它关闭时相关产业也有许多人丢了工作：送冰牛奶的失业了，因为原本下班时间会来光顾的矿工都走光了；去往矿坑的路上，立着几排被煤炭熏黑的砖房，当年小商店和烟铺林立的繁荣景象已不复见，再也没有上早班的矿工来买报纸、香烟和薯片了。渐渐地，这一切都消逝于无形中。

“数百万镑资金涌入，老矿区有望改头换面”，这是亚马逊进驻此地时，地方报纸所下的一条标题。[23]鲁吉利经历的改变，在英国各地也算是家常便饭。就拿亚马逊来说，他们在南约克夏等昔日矿区也都有物流中心，而运动用品商Sports Direct亦在过去的夏尔布鲁克（Shirebrook）矿场设有最大仓库，如今这座仓库被英国联合工会（Trade Union Unite）认定为环境不佳，堪比“救济院”和“劳改营”。[24]据统计，英国各地的老矿区共有约550万居民，占全国总人口的9%。一般来说，这些人面临的处境是这样的：矿坑关门大吉后，原本靠矿场吃饭的人先依赖社会福利勉强度日，过了一段时间，终于迎来经济上的“再生”机会。但来的往往是跨国企业，带来的多半并非稳定的工作机会，薪资福利也欠佳。待遇还是其次，比较不堪的是，只因为这些地方的人都很需要工作机会，社会上便认为他们“应该”卑躬屈膝，请亚马逊赏口饭吃都来不及，不该挑三拣四。

曾在理何矿场任职的艾利克斯（Alex）告诉我，自从矿场关闭，鲁吉利就“再也回不到以前的样子”了。[25]他以前在理何矿场担任技师与急救人员，现已改行。

> 这儿没有工作岗位了。要不就是些最低薪的工作，合约短、利用恐惧心理把劳工吃得死死的。

某天傍晚，我来到理何矿场的矿工俱乐部，由此结识了艾利克斯。[26]走进矿工俱乐部，里面有各色人等，不过常客都是以前的矿工，他们几乎天天报到。这里有种社交俱乐部的气氛，比起酒吧更加友善。试着想象一下：时值11月，一个凉爽的星期六下午到这儿消磨时光，坐在椅子上悠闲喝一杯，来点炸薯片下酒。窗外已经蒙上一层雾，室内则开着暖气，收音机送出以沉着嗓音滔滔不绝播报的足球比赛。这里的人都是老朋友，不愁没话聊。室内陈设风格正如虚构小说中描述的工人阶级生活，气氛中总能感受到温暖、正直与人性的美好，好像再也没有别的地方像这里一样好了。

这是社会主义式的休闲活动：精英阶级可以享受私人俱乐部，工人当然也有属于自己的休闲空间。既然秉持社会主义精神，多数工人俱乐部都是“请自便，当自家”，没打算从会员身上捞油水。

普通酒吧不过是让人喝杯饮料、吃点东西，过了最后点餐时间就会被请出门。但20世纪的工人俱乐部不仅供应餐饮，也举办各种演讲和健身课程，让会员有进修学习的机会。好景不长，20世纪70年代中期涌现的歇业潮令超过2 000家工人俱乐部关门大吉，如今每年倒闭的俱乐部数量更是不减反增。[27]

“现在的人会说‘我在亚马逊工作’，可是以前大家不会说‘我在矿场工作’。”艾利克斯说，“以前你会直接说‘我是矿工’，因为你就是矿工，你以矿工的身份为荣。”

鲁吉利当前势力最大的雇主就是亚马逊和特易购，还有部分人受雇于发电厂。1986年，此地最大的雇主是理何矿场、两座发电厂、卫浴设备厂商、自动化设备厂商等。[28]亚马逊刚来鲁吉利设厂时，本地人还满怀期待。但在我搬来之前，这股兴奋之情早已烟消云散。现在，亚马逊派出通勤车接送工人上班，其中大多还是东欧来的外籍劳工。

现在，有越来越多的英国人不愿被当成牲畜对待，在贪心无德的雇主底下受委屈。这本是进步的象征，在很多人眼中却成了让英国颜面扫地的事，认为这些人不知好歹、没有抗压性。其实，英国劳工对劳动条件的要求已经很低了，而现今英国经济正是倚赖低薪又不稳定的工作，却连基础劳动条件都无法满足。

“讲真，那种工作我才不干。”聊到我在亚马逊的工作时，艾利克斯便这么说。“要是去了，看到那些主管怎么对员工，我估计会和他们吵起来，干不了这份工。”艾利克斯讨论的是尊严问题，可是事实上，在鲁吉利这种小地方，哪来有尊严的工作？只能到大一点的城市去才有机会。

某个晚上，杰夫·温特（Jeff Winter）也来俱乐部喝酒。他是本地工党民意代表，年约55岁，喜欢社交，留着一头覆盖后颈的长发，身穿格子衬衫，看起来倒像个摇滚明星，不像议员。他和我站在一起，边喝边聊。[29]

> 我说啊，现在还有什么工作有尊严？以前的矿业公司早没影了。亚马逊来之前仓库已经空置两年，可那时我们没低头，更没有乖乖说好，把什么都吞下去（意指接受亚马逊的任何条件）。还不是想给镇上的人提供工作机会才让步的。当然，靠他们亚马逊你根本买不起房子、养活不了家里人。亚马逊的工作太不稳定了——只靠一张零工时契约，如何拿到贷款？到底得到什么了？

我们聊着，壁挂式电视正播着足球比赛。利物浦今年踢进欧冠资格赛，一切宛如20世纪70年代的情景再现，只不过走近电视一看，时代还是不同了。球员的上衣与球鞋印上了鲜艳浮夸的赞助商名称，整个球场也满是闪闪发光的广告。中场休息时，扩音器便大声放出音乐，满场都是斗牛竞技的激昂气氛。金钱的力量已渗透赛事一切层面，从前矿工要拼命工作，供应众人烧煤取暖，如今只能消极坐在电视前看比赛，看那些光鲜亮丽的“工人阶级英雄”踢球。

现在，一个平凡人只有成了大人物，别人才会给你些掌声，做工、出卖劳力的人，不会理所当然地得到敬重。只有那些抓紧机会、踩着别人的尸体往上爬的人，才能获得尊敬。

“我在斯托克（Stoke-on-Rent）工作，那儿有很多人都做收银员，”杰夫表示，“就是在特易购之类的店……有不少年纪比较大的人，失业却还不到退休年龄，没有退休金可领，只好去做收银员。以前哪有这种事？我知道时代变了，我可以接受，但不能说这样就是对的。”

根据2016年“皇家伦敦”（Royal London）的年度报告，英国部分地区的劳工必须工作到八十多岁，才能累积一定存款，维持退休后最低的舒适生活标准。[30]据统计，1993—2012年，英国国内年届退休年龄的人口中，有85%的人仍继续工作。[31]

> 如果回到40年前，好吧，你可能没经历过，反正那时候的矿坑雇了很多技术人员，也有很多人给矿坑供应机器……当时有技工、电机技师，也有纯靠劳力的粗工……总之就是有所谓的‘好的工作’。发电厂要用到技术人员，科艺EMI（Throne EMI）运货也需要人手。当时至少雇了上

千人，而且都是很好的岗位……20世纪60年代大家还算有钱——或说至少该赚的能赚到，你懂的。虽说是蓝领阶级，选举也投票给工党，但那时候大家都还算富裕，这里也曾有很多机会。

之后，要求技术基础的工作渐渐像蒸汽一般逸散得一点不剩。各矿场关闭后，企业在过去30年间纷纷出走，将生产线外移到劳动规范较宽松的国家以节省成本，英国中部的制造业职缺因而所剩无几。是故，亚马逊来鲁吉利设厂时，才会引起本地人一阵骚动，认定小镇终于能重拾往日光荣。根据地方报纸当时的报道，仓库还未正式营运便"涌来"大批求职者。[32]上文提到过，我之前在咖啡馆遇到的那位推婴儿车的女士，也说这是"轰动全镇的大事"，怀念之情溢于言表。亚马逊的确在此创造了900个工作机会，也完美体现了关于"经济复兴"的政治表述：英国昔日的工业区将重振荣景，过去20年的低潮将一扫而空。

不过，以上预言纵然美好乐观，却建立在一个错的基本假设上，即所有创造出来的工作机会都是公平的机会，而且既然同一地区的就业率回升，表示20世纪80年代与90年代早期失去的工作机会已经获得弥补，新工作可以完全取代从前的工作，两者没有区别。

如此一味怀旧，往往只会陷入无谓的回忆中：遥想那失落的世界，男人各个身强力壮，总是只穿件衬衫就快活地上班去。星期天待在家，有只狗儿蜷缩在壁炉前的地毯上相伴，妻子在厨房里兴高采烈地忙着，约克夏布丁与刚起锅的肉酱香气浓郁，家家户户都飘出美妙的味道。

很多人都向往这样貌似美好的年代。事实上，如此浪漫的憧憬早已被社会各方面的进步所推翻。数十年来，对工作场所的安全要求强制具有危险性的工作改善环境，有的干脆外移，轻装上工的景象早已不复。更别提女性获得更多自由，不必被关在家操持家务。像我这样在亚马逊工作的人，大概要特别倒霉或者自己笨手笨脚得夸张，才有可能横死仓库中。但从前的矿坑可是经常发生触目惊心的工伤意外，矿工惨死也偶有听闻。

既然过去的工作环境不比今日，却还有人热烈怀念过去，八成是不曾身历其境——反正进矿坑送死的不是自己的孩子，家里还有黄脸婆做牛做马，看起来当然一切美好。

然而，像鲁吉利这种小城镇“只不过在重蹈覆辙”。根据“城市中心”2015年提出的报告（*2015 Report by the Centre for Cities*），“这类小镇制造业就业机会流失后，取而代之的都是低技术、规格化的工作，从前的纺织厂成了电话客服中心，码头货柜场也改为物流中心”。[33]

说起来，随着20世纪末消逝的不仅是有尊严的工作本身，在职培训也越发少见，雇主更不再对进修技艺的员工提供奖励。学业成绩优秀的学生可以继续上大学，不升学的人只能留在家乡，有什么工作就做什么。

我觉得，如果想要找份好工作，除了去外地，别无选择。要离开这座小镇才有像样的工作，不管找到什么活儿都比在这儿强。如果是罗马尼亚来的……既然可以大老远出国，当然愿意工作、吃苦耐劳。你也知道，生意人就爱这味。你去斯塔福看看那些果园，都是东欧人在做，身边都是外国劳工……你比得过他们吗？你也知道，我们镇上从20世纪60年代开始一直是"在发电厂上班、工作不错、待遇也好"。2016年之后，这个镇发展得怎样了？现实就是越来越穷，比40年、50年以前还要穷……亚马逊又给我们什么了？今天，才有人跟我说：资本主义要靠债务来支持。如果你不想做这些工作，就去上大学，然后负债30万英镑，给资本主义加油。再分期付款买车，也是给资本主义加油。资本主义就是这样玩的。然后，买不起房子，只好回去跟爸妈住，也别想什么社会住宅了，没有那种东西。时代完全不同了。现在的小孩也不知道，因为他们没经历过；但是现在没有，不代表这是对的，也不会变成对的。

当天稍晚，艾利克斯又告诉我，矿坑歇业时，他有个朋友也丢了工作，好不容易找到的几份工作都是临时工。整整七年，他没有固定工作，最近才应征上一份全职工作。

他已经陷入谷底了，特别着急。刚好两三年前，特易购来了。他去特易购找了个值晚班上架货物的工作，因为是全职，他开心坏了。虽然工资水平不怎么样，但现在英国都是这样。

艾利克斯为朋友高兴，庆幸老朋友重拾了部分尊严和自尊心，也找回了生活目标。不过，特易购开始缩短他的值班时间，这俨然是个同样遭遇重演的不祥预兆。

“他做了九个月，他们就砍他的时数，从38个小时砍到32个，”艾利克斯说道，口气一如往常的悲观，已经听到我逐渐习惯。“但他们都是这样。”

-5-

就我个人而言，来鲁吉利之后的生活至少很快上了轨道。每天早上，先在房里吃点不敢恭维的快餐，再去仓库上班——参考菜单：工厂小卖部买来的香肠配马铃薯泥、牛肉千层面、干酪通心面等。某天早上，我刚起床30分钟，就吃了“古早味鸡肉晚餐”充饥。我再也不买牛奶和面包，因为总是来不及吃就放坏了。

“有钱和没钱，两者之间的区别很简单，”饱受压迫的小说人物爱德华·瑞尔顿（Edward Reardon）如此宣称，“有钱人想的是‘我要怎么活出意义，不枉此生？’穷人想的却是‘我要怎么活下去，讨口饭吃？’”瑞尔顿是19世纪小说家乔治·吉辛（George Gissing）在《新格拉布街》（*New Grub Street*）中创造的人物，擅长写作小说，却际遇不佳，一生潦倒。

其实，要陷入这种不太健康的生活方式再简单不过。每天睡到11点起床，吃顿早餐、冲个澡，然后准备开始这一天（身上贴着几片酸痛贴布，穿两层袜子），赶在十二点半前拖着身子走出家门。工作整天半夜回家，上床睡觉差不多是凌晨一点了。早上起来，刷牙洗脸，循环反复。没多久，原本对生活的一切坚持和要求都消失得无影无踪：你开始一天只吃两餐，每次有时间坐下来，就努力填饱肚子，因为下一次能好好吃饭还不知道会是何时。要是午休时间在安检这关耽搁了，可能会错过一天中唯一热腾腾的一餐。“我觉得最近越来越累。”第一天在厨房碰见室友克里斯时，他便这样说。不久，我就明白了为什么。

理论上，要在鲁吉利这样的小镇善用亚马逊支付的薪水应该不难。我一星期如果工作35小时，共可得245英镑（税前），相当于时薪七英镑。这收入要生活得舒服不容易，但总还过得去。要是换到伦敦，每个月要预付500镑房租才能睡在一间斗室。我在鲁吉利租的房间也很小，不过房租只需300镑，而且水电燃气全包，负担相对较轻。

那么理论上，我应该有相对充裕的金钱——每周有100镑以上——可以用来吃饭和添购生活用品，不过总是事与愿违。上班第一周我本该领到245镑，实际上却只拿到185镑。即使考虑到扣税，但周薪不足250镑的税金不可能需要缴纳60镑这么多。我找上中介窗口想搞清楚原因，还没等开口对方就先发制人：“好、好，我们知道。”[34]后来，我和几个同事都拿到紧急税号（Emergency Tax Code），需要缴纳更高税率。而且不知何故，只有英国同事和我一样，所有罗马尼亚同事都拿到了正确的全额周薪（或者说，至少那个星期拿到了）。

第二周结束，我又没拿到薪水。这次，我得到150镑——大约少了100镑。原来，我又被课以较高税率，中介不仅没有全额支付我们这些拣货员的工资，连外国人的都少给了。中介也不肯给我们薪资单，这更让大家心中不安。隔周我们终于领到该拿的文件，上头却写满艰涩难懂的加减计算，根本无从得知自己是不是拿到了应得的金额。拿到这笔钱之后，扣掉房租，第二周我只有75镑可用，这可和当初预想的有段距离。刚来的时候，中介信誓旦旦地告诉我，有望“每星期收入240~250镑，轻松愉快”。

此外，我第二周本来就赚得比较少。因为星期五亚马逊负责人临时通知说[35]隔天仓库要“进行维护”，暂时关闭，不必来上班，于是周薪便随着周工时减少了。

这周只有75英镑生活费的事实，让我想起《每日邮报》（*Daily Mail*）上的一篇文章，提到有位女士一天只花一英镑。“现年51岁的凯斯·凯利（Kath Kelly）女士勤俭度日，吃免费自助餐充饥、教会旧货拍卖捡便宜，还到超市和餐厅要废弃食物。”[36]据报道，这位女士也不介意碰到地上的烟蒂和狗屎，辛勤捡拾别人遗落的铜板，共得117英镑。对于希望穷人越少越好的人来说，这类节俭事迹可谓正中下怀，刚好拿来大做文章斥责穷人。既然有人能省钱度日，就是最好的“证明”，表示贫穷没大家想得糟：只要拿出一点深藏不露的中产阶级气魄和巧思，一切无难事。如果你没办法只用一点钱度日，是你自己的问题。

事实上，一天一英镑生活费是否可行绝非症结所在，真有必要的话，很多人都能用50、60镑或70镑过一个星期。问题是，说这种大话的人通常都有着一定的经济基础，至少有份专业工作和稳定收入，才能大肆批评他人。换句话说，这类人大半天时间都待在家或坐办公室，当然可以只花一点生活费。非要跟低薪又工作乏味的世界相比，跟橘子和梨子一样天差地别。诚如我前面所说，要消解体力劳动的身心疲乏，只剩抽烟、喝酒和吃垃圾食品，也是生活中仅存的乐趣。至于有没有时间享受这点乐趣，又是另一回事。

追求生活效率是中产阶级生活的写照，很多工薪家庭却从不知效率为何物，因为贫穷会偷走时间。没钱，你就得乖乖等公交车来，等房东赏脸见客，被迫超时工作，别无选择、不明不白。你等啊等，只因为有人说要替你处理薪资单上的行政流程错误，就这么等啊等，等了再等。你花时间四处找店家帮你打印一叠文件，好去应征求职。你进超市闲晃，想找找特价优惠，只因为想省下生活费。然后，你得自己走路回家，又是一把时间。如此这般，往复不休。重点是，你一直在浪费时间，可是时间就是金钱，所以不管走到哪，出门即破财，结果两者皆空。

中产阶级的人，星期天下午可以先悠闲吃点美食，晚上再烹煮大餐，剩菜放进保鲜盒下星期接着吃。但社会底层的工人休假回家，往往只想坐下来好好休息，甚至根本休息不成，还得追着公司行政人员跑，要他们帮忙处理问题。不巧，这些人的工作好像就是专门给人找麻烦，不肯让人安稳度日。休闲与财富，都是穷人的奢侈品。

总之，我的每周预算通常规划如下：

房租（含杂支）	■75.00
公司内用餐四次	■16.40
上班时的点心	■4.00
茶水	■0.50

麦片和牛奶	■5.00
吃麦当劳两次	■9.98
微波食品四餐	■6.00
其他饮食开销（咖啡、奶酪、奶油等）	■10.00
手卷烟	■4.89
啤酒	■10.00
交通费*	■ 6.00
总计	■147.77

当然，中产阶级人士看了上表之后，应该会马上指出可以剔除的几项，毕竟少了啤酒和香烟也死不了人。虽然我们理论上不需要某些东西，但一般人如果从事这样的工作，“往往就会”把钱花在烟酒零食上。因为生活的苦闷驱使人渴求烟酒等奢侈品。如果没有这种生活压力，想把这些东西从清单上拿掉，当然容易——谁都能办到嘛，就像中产阶级有钱有闲上健身房，订出减肥计划，六个月内就甩肉成功。

以上列出的清单，如实展示了我一星期内通常的生活费分配，虽然也可以过得再“挥霍”一点，但我尽力缩衣节食，总算控制在150镑内。

如果用亚马逊发的薪水，扣掉150镑生活费，还剩77镑。要应付紧急支出，如牙痛就医，只能加班生财或贷款应急。可以

* 如果我住得远点儿，交通费支出会高得多。

说是捉襟见肘，生活质量差不多坠落谷底了。

我在鲁吉利和坎诺克认识的人里，有很多人都已经像这样一只脚踏进泥巴与恐惧的困境中。房东上门催款，雇主朝令夕改，宛若不祥乌云罩顶，去了又来。生活的样貌就由这循环决定。即便原本生活还算体面，只要哪天有笔钱缴不出来，欠下债务或工作上犯了小错，所剩不多的自由与安稳便可能一夕遭到剥夺，流落街头。根据2015年公布的一项数据，以税前金额计，一个人要温饱，一年至少得花17 100镑。[37]我个人在亚马逊拿到的税前年薪，则相当于17 240镑。

此外，还有个小问题：拿到的薪水数目可能有错。假如不发生重大意外，薪水虽少，也还能勉强维持生活质量。但人生免不了意外，有时也“多亏”了中介或行政机关的办事不力，为生活“增色”不少。亚马逊一名刚满20岁的员工莉迪亚（Lydia）告诉我，她和很多朋友都遇到过中介少给钱的事。

“我以为我的收入能够维持良好收支平衡，结果根本做不到，”她说，“我朋友……她还没拿到钱呢……她现在总共只拿到160镑，他们大概还欠她200镑。”

用一份微薄的收入生活，是否会影响长期健康？这也是个好问题。刚来亚马逊上班时，我体重约80公斤，算是苗条；而且每天上班都得走动十英里，活动量颇大。到了月底却仍胖了六公斤，同时我又开始抽烟了：来根烟吧，既然能短暂提振精神，为点小恶又何妨。吃巧克力条和喝浓茶，也是一样的道理。

25岁的青年诺尔贝（Norbert），是我进亚马逊后最早接触的外国劳工之一。有一天在餐厅吃饭时，他走过来搭讪，不经意提到他喜欢车子、妹子，还欣赏弗拉基米尔·普京（Vladimir Putin）。诺尔贝显然缺人做伴，见我在餐厅看新闻，便过来吹嘘攀谈一番。

诺尔贝："普京真是个伟人，你喜欢普京吗？他会柔道，是个铁腕领导人。"

我问他是否对政治感兴趣。

诺尔贝："嗯，一点儿吧，不过我不看电视。电视上都在瞎扯，你懂的，催眠小羊羔用的。"

后来，我们找了一天约在伍尔弗汉普顿（Wolverhampton）喝酒。[38]

"去他的，不知道中介在搞什么鬼。"诺尔贝跟我聊起他如何辗转来到英国中部，进入亚马逊工作的过程：中介说要带他和朋友到伦敦，某个天寒地冻的一月早上，两人来到英国。但在清晨的阳光中，他们看了看四周，奇怪，高楼大厦呢？泰晤士河和大笨钟呢？怎么城里竟然这么安静？

> 我一醒来就问："我们这是在哪啊？""伍尔弗汉普顿。""什么地方？"然后我们就说："好，就先在这待一个月。"我们本来想去伦敦，结果中介却带我们北上来到伍尔弗汉普顿。

正如许多我遇见的罗马尼亚人，诺尔贝认为自己和别的同乡不一样。"他们那些人"是一心想来英国找工作，"他自己"本来只是想到英国走走看看。他说，其他人是"过不下去了"才出国，他只是想赚点外快，好回老家买酒玩车。

> 我观察过亚马逊里面的所有罗马尼亚人，大家都只是为了钱才来工作。我跟他们想得不一样，懂吧，我也不懂真的没钱的生活。我如果明天就辞职也不会怎么样，他们就不行，不赚钱就得吃糠咽菜，所以才来这里。回老家能过好日子，但要有钱。对我这种人来说没差别，但别人就有困难。90%的人都会有困难。

诺尔贝再三告诉我，他们家乡的生活“烂透了”，很多人都是觉得生活太苦闷才来英国打工，存了钱就带回家，几个月后再来。有些人则把来英国当成打工度假，赚钱的同时顺道游玩。

> 他们回去待上一两个月，然后再回来。因为他们会把钱都花光。

在诺尔贝看来，工作最糟的部分是中介对待人的方式，纯粹是在侮辱人。

> 他们跟我们讲话的方式，就像跟奴隶讲话一样。就算你在英国开银行，来罗马尼亚也会变成无名小卒。我在英国就感觉自己谁都不是。如果你来罗马尼亚，你也会谁也不是，是英国人又如何？在这里，我们是奴隶；在罗马尼亚，你也会变成奴隶。世界就是这样。

这听起来不过是妄想，毕竟在现实中，英国银行家即使去了罗马尼亚也能过帝王般的生活。但我可以理解为什么诺尔贝要这么说，承认自己因国籍才受到恶劣待遇，谁高兴得起来？

诺尔贝喜欢社交，外表看上去也比实际年龄还年轻。他长得高壮，说话却很斯文。来英国之后，他发现要交朋友没想象中容易，除了跟他一起来英国的同乡"约翰"和几个公司同事，他身边没有其他人可以来往了。伍尔弗汉普顿的当地人没兴趣认识他。或许他在罗马尼亚的生活更加快乐，还充满欢笑。毕竟穷是一回事，人总是知道怎么找乐子。

> 这里根本交不到朋友，大家都无视你，懂吧？但罗马尼亚是可以交朋友的地方，有需要叫别人过来帮忙的话，他们就会来。罗马尼亚人不求朋友的回报，他们也不想要——就只是想帮你而已。英国人会表现得很亲切，但他们就是友善不起来。

让我们做个比较：过去理何矿场的工人辛勤工作，让中产阶级生活得优渥舒适；现在诺尔贝这样的人挥汗挨饿，为他人赚进大把钞票，制成的商品则便宜卖给另一些人。不过，不同于从前的英国工人，诺尔贝和其他同乡在英国连基本的政治权利都没有，更显得无足轻重。

在亚马逊，正是这批饱受压迫的外国劳工组成劳动大军，每日隐身在乡间仓库，远离任何文明城市默默劳动。可是，也正因这些人的付出，才推动了网络购物发展，满足快速成长的中产阶级所需。

待在亚马逊这样的公司，越来越像科幻小说家威尔斯（H.G.Wells）在《时光机器》（*The Time Machine*）中描绘的情景：埃洛依和莫洛克两种人彼此分隔，“地上的人是‘都有的人’，忙着追逐快活、舒适和美貌，地下的人是‘没有的人’，不停做工，渐渐习惯做苦工的日子”。

你可以在亚马逊网站上尽情刷卡血拼，完全不会知道斯塔福郡仓库的劳动处境。外面的人看不见他们的辛苦——关在巨大无比的仓库里，来回推着一车货物，即使汗流浃背也没空伸手去擦。其实，我们对外国劳工处境的忽视并非第一次，印度殖民时期建立的血汗工厂，先人也曾视而不见。反正远在4 000英里外，转过身就看不到了，大家照样开心地过日子。现在的人如果想孤立自己，不理会外面的世界，也容易得很：跷着二郎腿、舒舒服服地坐着，一边烧水泡茶，一边上网购物——想买什么，单击鼠标、立即下单，明日即可到货。我们早就习惯了买便宜的东西，可是便宜的前提，往往正是前文描述的恶劣劳动条件。

我们对生活质量的标准越来越信仰“物美价廉”。对外界来说，在这个仓库里工作的人仿佛不曾存在过。就像一个世纪前的苦力，即便埋头苦干，弄断了骨头、伤了背，地图上也只标记他们劳作过的地点，远处的英国人仍安居自家客厅，开怀畅饮雪利酒，浑然不觉这些人的辛苦——正是“事有变迁，恒常如故”*，或许这世界从没有真正改变过。

* 原文为法语，“Plus ça change, plus c’est la même chose”。

第二部 黑谭

居家照护员

-6-

我终于离开亚马逊了。某天下午，中介公司派人来仓库顶层打探我的动静。随后他走过来，在我面前挥舞一份保密协议，坚持叫我签字。这时，我下定决心，当场提出离职。

早先访问过一名黑潭（Blackpool）的看护人员后，我便计划前往当地。自从有了这个想法，黑潭便产生了一股吸引力，不断呼唤着我。随着季节推移夜晚越来越长，我也开始向往走在黑潭小镇的著名步道上，像猫一样享受温暖的阳光。相比待在灰暗的中部沼地仓库，闻着又浓又毒的油漆味，悠闲漫步有着无比的魅力。

像我这样出身沿海地带、在海边长大的人，总是带着海的习性。离开海边太远，总是很难安枕，老觉得哪里不对劲儿。成长的记忆当然真实，却也是陈腔滥调和模糊记忆的混合物：一段悠长的童年时光，背景总少不了旋转木马、破旧的爱德华风格遮阳亭、往高空飞去的海鸥，好像有条线拉着它们，成了另一端握在孩子手里的风筝。小贩兜售各种口味的冰淇淋与棉花糖，看了便让人欢欣。只要去一趟海边，即使过了好几个星期，鞋子里还是不时可以倒出沙子来，唤醒海边游乐的记忆。

种种回忆形成了一种海边印象，但这其实早已过时，是50年前的陈腔老调了。正如英伦诸岛诸事，总跟不上现下生活的时代。不切实际地缅怀着，就像给沿海的现实生活涂上一层庸俗的想象，掩盖住真实的挣扎。冬季一连几个月缺乏工作机会、居民生活陷入困顿的景况，不必入目。

只需在黑潭睡下一晚，隔天醒来，便有一种“入乡随俗”的生理感受，颇富黑潭风情：宿醉难受、全身动弹不得。前一晚，我到滨海地区一家酒吧彻夜狂欢，如今开心的感觉已经走味，有股牛奶坏掉的味道，或者像一块肉赤裸裸放在大太阳下腐败发臭的气味。我勉强起床，嘴里干得像软木塞，两条腿也如同铅锤一样悬在原处动不了。脑海笼罩着一片不怀好意、徘徊不去的云雾，就算吃了退烧药也仍然发昏，像前一晚根本没睡好觉。

外面的阳光明亮而朦胧，透过蒙尘的百叶窗缝溢入室内，正好映照这凄凉天候的期望，希望等来一通电话，告知我的工作有着落了。这差不多是黑潭的盛夏时节，铁灰色的海上却不断吹来冷冽海风，拍打在旅馆脏兮兮的外墙上，吹乱街道上散落的肮脏旧报纸，也让行人不得不停下来先避个风。往上一看，天空则是一片清澈的钢灰色。

抵达此镇的第一晚，我找了一家南岸地区的廉价旅馆住下。旅馆很大，是爱德华时代的风格，外墙已经结了一片又黑又脏的蜘蛛网，沿着墙面陡峭地向上蔓延。这座古董建筑过去应该有一段辉煌史，可如今风华早已消逝，景况凄惨地坐落在一条已然冷清的街上。从前这里游人熙熙攘攘，暴风雨中舀水铲土的声音此起彼落，好不热闹。沿着旅馆往下走一段路，可见几个衣衫褴褛又无精打采的男人正在街头搜寻，鬼鬼祟祟地徘徊在一小段路上，希望在路面和人行道之间的缝隙看到一点烟蒂的橘色影踪。他们成天干这事儿，不过一大早最积极，因为地面累积了整晚路人丢下的烟蒂，正是丰收时。

要是站在我所描述的这个地方，往一排佐治亚风格的屋顶望过去，可以看见著名黑潭铁塔生锈的红色尖顶。晚上铁塔灯火通明，像是立在水泥建筑物上的庞大火炬，熠熠生辉。不过，这漆着明艳色彩的黄铜时代英伦海滨景色，却好像与衰退区相隔千里之远——这里的旅馆满是跳蚤，路上有游手好闲的醉鬼，大麻贩子形迹可疑地来去，商店纷纷闭门歇业、用木板封住门窗，入夜后还有满口烂牙的娼妓在提款机附近游荡，等着客人上门。这就是“中央街（Central Drive）”，堪称黑潭镇上最破败的区域，也是英国一处困顿至极的角落。这里距离镇上最热门的景点只有几步之遥，也曾是黄金地段，如今却空荡冷清。镇上的出租车司机还告诉我，这附近“像个破船洞似的，没人想和这里扯上关系”。后来，我从英国照护（Carewatch UK）得到一份居家照护员的工作。这家公司目前在英国境内有150个分支机构，大约雇用了3 500名照护人员，“他们应该是最好的照护机构之一”[1]，有个同事这样说。对照之后的经验，我可能会对这句评价有点怀疑。

这不是我在黑潭应征的第一份工作，但却是在我上网搜寻了整整两个星期后好不容易等到的面试机会。我很快就了解到即使已经没有职位空缺，人力中介依旧会把招聘信息挂在网上，好吸引求职者上门咨询。这骗局再让人熟悉不过了：看到有合意的招聘信息后打电话给中介，电话另一头的人便马上告诉你，现在没有职缺需求，但要不要留个姓名和电话？如果有新的消息，我们会马上通知您。

要是你留下联络方式，确实是很快就会收到回音，但对方提供的工作机会往往跟一开始看到的广告没什么关系——也就是说，你从头到尾都没有机会接触到自己有兴趣的岗位。留下个人信息后虽然中介很快就会提供信息，但比起广告上虚无缥缈的求职信息，这些真正缺人的岗位通常更辛苦，待遇和保障也比较差。如果在求职网站上看到刊登超过30天的信息，同样是这个骗人把戏的一部分。

要当上居家照护员——也常称为到府照护人员——其实很简单。只要拨打求职广告上的电话号码，回答几个简单的问题就行。比如：你有车吗？（有）你住附近吗？（最近刚搬来）你有这方面的工作经验吗？（没有，但我祖母有个朋友失智之后，我照顾过他一阵子）之后，就会有人安排你去面谈。当时，我准备了几份必要文件——几组会用到的证件号码、介绍人数据，还有接受刑事犯罪记录检查的同意书——面试结束前我就得到了工作，连入职日期都是当场确定的。

面试我的女士只花了10分钟左右，她直截了当、连珠炮似地提出一串问题，就好像我只需要具备点儿常识就行。整个过程乏善可陈，唯一的亮点是当我不经意提到想应聘这份工作是因为“听说贵公司还不错”。“我在网络上看到一些评价，都还不错。”我一派奉承地补上一句。这话当然不是真的，我只是想闲聊几句顺便表现出我有事先做准备，结果却弄巧成拙。听到我说的话，面前的年轻女士突然站起来，双手叉腰，不屑地摇头：“你不该相信网络上的任何东西。”后来，我上网站看了一下，才知道为什么那几句话会引来她夹枪带棒的回答——除了发布招聘广告，这个网站也允许使用者发表对雇主的评论，可以给每家企业1~5颗星的评分。这当然不是很严谨的评鉴，但多数评论至少能描绘在此处工作的大致情况，让人想象在特定雇主手下工作是什么感觉。一般风评较好的企业在网上获得的评分也很高，反之亦然。就连被称为“资本主义魔鬼的原型”、经常被维护劳工权益组织“关切”的麦当劳，也有3.6颗星的评分，还算是不错。

至于英国照护，在157份评论中，只得到2.6颗星的整体偏低评价。

无论评价是否中肯，从一篇篇评论中可见，整个照护产业都很缺人，这点无疑是事实。当代英国面临着老龄化，工作年龄人口肩负经济压力，过劳又焦虑：为了养家糊口，工作时间越来越长，没空照顾家里的长辈，而老人又比以前长寿，正需人手来看护，两相为难。2013年后，英国每三名新生儿中大约就有一名预期寿命可达100岁。同时，英国的工时也是全欧洲数一数二的长。因此，英国的老年人口仿佛变成“一个个打包待售的商品，谁出价最低，就卖给他们”——另外一家照护公司的照护员这样跟我形容。[2]后来，我又目睹了一次等候面试的场景，再次印证了要进入居家照护这行到底有多简单，简直是畅行无阻。公司的办公空间是一幢平房，轮班室旁就是接待区，当初我也是在这儿面试。那天，我一走进接待区就见几个年轻女人紧张地坐在一旁，等人来带她们进入灯火通明的面谈室。

她们看似已准备好承担艰苦的工作，接替前一批不久前才扬长而去的年轻女子。居家照护这行的离职率相当惊人，我上班的第一个星期有同事告诉我，英国照护“超级缺人”。这个公司和这个同业之所以这么缺人，并不是因为招不到人，是没几个人能待得久。照护产业的人员流动率是25.4%，也就是说，每年约有30万个照护员离职。[3]只计算私人企业和居家照护员的话，其比例更高。那位同事表示："大家来来去去，因为只能拿到勉强维生的最低工资，谁受得了。"

面试快结束时，公司通知我做的第一件事是下周一开始进行为期四天的培训。除了最后一天教了我们如何使用升降床辅助老人起身活动，整个培训的大部分时间都在口头讲解以及不断地填表格。这批参加培训的人共八名，二男六女。星期一开班，还没到星期五，就有两个女同事中途走人。培训颇为枯燥乏味，大部分时间我们都无精打采地坐在教室里听课，主管只是不断翻过一页页数据，口头说明公司发的手册和参考指南。

我们匆匆学到清理和更换导尿管的方法，避免沾到尿的诀窍，如何注意照护对象服药的状况，还有如果上了门，却发现照护对象倒在地上，这时该怎么处置——快打999急救电话，不要乱移动病人！理论上是该学到很多东西，但这种累积知识的方式，却好像只是为学校考试冲刺的填鸭。全部的信息都压缩进短短一小段时间，结果硬塞猛吞到了一定程度，后面学的东西就把前面学的全都推挤出来，脑袋成了米袋，米粒从破洞被推出了洞外。训练结束那天，我回到家只觉得很累，连到时上门照护，最重要的几件事该怎么做，仍然一头雾水。

在训练课程中，我们的顶头上司维基充当病人角色，协助课程进行。她倒是演得很乐意，觉得自己做了件有益社会的好事。维基整个人散发的气质既不古板也不无趣，和亚马逊还有Transline的低阶主管完全不同。我在鲁吉利见过的那些主管，通常会对我们不闻不问，可能是希望和下属拉开距离，显得比实际上还要高高在上，但维基不一样，从不摆架子。她自己是照护员出身，也是我在这行第一个遇到的老手，聊到客户的话题——我们都这样称呼要照顾的对象——态度也是一片赤诚，真心投入，倒令人有些意外。

看过那么多媒体报道的照护员疏忽酿祸事件，我早就司空见惯，已经开始假设看护都很冷血，八成都会虐待人。进了这行，便等着亲眼见识业界的“老鼠屎”。结果我很快就发现，大家会怪罪照护员，是为了开脱整个产业待遇不佳和连带发生的种种问题，便用“老鼠屎”来做替罪羔羊。

其实，每个从事照护员工作的人，起码都有一两次吓人的照护疏失，但整体来说，我遇过的大多数照护员，都把这工作视为一份值得投入心力的事业，也愿尽心尽力帮助有需要的人。如果出事了，大部分是因为公司高估照护员的能力，所以听到维基意有所指，说英国照护名声大不如前都怪照护员表现不好，顿时让我对她的好印象有点打折。她厉声说：“公司名声都是被你们照护员搞坏的。”[4]但这句话只对了一半。

入职当天，我们都签了合同。合约最前面印着几个灰色大字：“零工时合约。”虽在意料之内，但看了也着实心惊。据统计，2016年6月前，也就是我写作本书时，这一年间在英国签下零工时合约的人数近100万人（90.3万），占全部雇佣合同的21%。成人社会照护产业中，则约有1/4的职缺以零工时合约提供。[5]打开合约往下翻，可见条款措辞之严苛，无处不显示出零工时的意旨：乙方或有未分派到工作之情形，甲方此时并无责任提供乙方工作，亦不就此种情形支付任何款项。

按照合约，公司在任何时间都可以下派工作给员工，但也能告诉员工这整个星期都无事可做。签下零工时合约，就必须承担不稳定的工作量，同事却都能渐渐接受潜藏其中的不安全感，当成日常生活的一部分，好比通勤一样稀松平常。“都是这样，”他们认命地说。在零工时的前提下，合同条款也告诉我们，这份工作的“附带条件是（乙方）须同意弹性工时”。如果谁有其他兼职——比如那些认为自己应该多找点工作赚钱的人——必须告知公司。英国照护“若合理认为……兼职可能会和乙方在英国照护的职务冲突，甲方即不须分派任何工作”，好像公司是劳方的主人一样。

合同里还有一些引人注目的部分，特别是字里行间对劳方流露出满满敌意，整份文件都散发着强烈的鄙视，恰似柏油路面热气蒸腾溢散：本雇佣关系不适用任何团体协约。为贯彻英国照护提供服务之宗旨，任何工会皆不予承认……诸如此类。

有位其他公司的照护员告诉我，她“不管到哪家公司，都要隐瞒自己工会成员的身份”，并补充道，一旦公司发现她是英国公共服务业总工会（Unison）会员，就会请她走人。

> 以前，同事之间都是偷偷说这些事。还是同事劝我：“快加入总工会吧。”[6]我才知道要加入。当初在培训时我提出了有关工会的问题，而且还用的是很中性的说法，结果公司的回应比起回答更像是警告，他们通常希望你……越天真无知越好。

正式上班前，我遵循“跟班”流程，跟随其他照护员工作三天观摩学习后，完成通过DBS检查的最后挑战。要从事照护产业的每个人都得通过这道关卡，确认自己没有前科记录，才能正式开始工作。DBS的前身是犯罪纪录局（Criminal Records Bureau, CRB），只有雇主和特许机构可以请求DBS进行检查。这项检查的理由可谓非常政党：预防不适当的人选接近没有抵抗能力的成人和儿童，如有施虐、恋童癖、犯罪记录的人，都在提防之列。

这项检查有时会拖慢整个招聘流程，造成许多麻烦。近年，英国中央政府大砍警政单位预算，负责办理业务的人力不足，造成许多劳工都得等上几个月。检查结果出炉前，你无法正式参加工作，如果待业几个月，其结果可想而知：等工作、等薪水，只能坐吃山空，存款慢慢见底。或者先找其他工作补贴，以便养活自己。这时，为了生存做什么都愿意。很多时候，好不容易等来无犯罪记录证明，原本的工作机会早就没了。很少有雇主乐意跟你一起等两三个月，毕竟开始招聘面试就是想要找人“填空”，多数企业当然希望员工可以马上到职。于是，就像鲑鱼逆流而上，有些人幸运地拿到“良民证”，其他人仍然在不确定的处境里搁浅停滞。

我们这批新人申请DBS检查之后，便宛如落入黑洞，杳无音讯。一旦申请，就只有等的份儿。有些人等了几天就拿到证明，其他人却可能得等上十天半个月。我运气不佳，成了第二种。因为我之前住在伦敦，要用伦敦的地址申请，而伦敦警察厅的业务量可是首屈一指的庞大。我就这么被丢到孤苦无依的处境，忍受冗长又不确定的等待——当时我已应聘上了英国照护的职位却迟迟不能开始工作，这不是因为我散漫懒惰、不负责任或判断力差，而是因为整个国家预算不足，被砍得刀深见骨，也就凡事都做不好了。

–7–

正式入职后，我一直等着公司来通知我去工作，最后我消磨了整整七个星期，才被分派到第一单。而在电话来之前，我得想方设法度过这段时间。我有心好好利用空档，便决定尽快搬离这家起初落脚的廉价旅馆，去租个价格合理的房子。我在旅馆住的这个淡粉色房间和船上的客舱差不多大，又塞入了两张单人床，恰到好处挤在一块。整个房间有种斯巴达式的简陋，堪比牢房。房客间谣传，等到下雨时，浴室里的卫浴设备还会渗出锈色的水，状甚可怖。总之，没踏出房门前，一切都还能忍受；一旦出了门再进来，那股霉味可真让人欲哭无泪。

在黑潭的第二晚，我无精打采地到镇上各处游荡。我走上海滨步道岔出的一条路，路上处处可见投币式自动贩卖机，空气里飘来油炸食物的香味，出自看起来十分油腻的咖啡店和炸鱼薯条店。接着，我转向破烂偏僻的小道，散落在地面上的薯片包装袋和狗屎共同组成路面一片脏污的景象。相隔不远处的海滨处适逢观光旺季，酒吧和俱乐部不断涌出醉客，他们兴高采烈的神态宛若躁动行进的蚁群。我走进一家杂货店想买打火机，店主冷不防地开口，严肃地表示他“真讨厌这些人来”。

他们进了门就跟你杀价。我说六根棒棒糖卖一英镑，"我给你50便士吧。"我才不要50便士，一镑就是一镑。"就算我50便士吧！"就把钱丢过来，我马上丢回去：钱你拿回去，滚！

太阳下山后，黑潭便呈现出几种不同形态的英国生活。尽管黑潭风光不比往昔，劳工阶级男女还是会来此举办告别单身派对，尽情狂欢。随便哪一晚，都可能遇到一群身穿高尔夫球装的男士在街上闲逛。英国沿海地带经济不断恶化，黑潭却仍保有放纵逸乐的魅力，年复一年，依旧吸引游客前来。只不过比起全盛期，人流锐减。踏入黑潭，就能抛开所有束缚，了无牵挂。上流阶级若想度假，会搭乘直升机前往托斯卡尼和法国阿尔卑斯山等胜地；至于黑潭则代表中下阶级俗丽的生活色彩。在此，放纵寻欢可与高尚欧洲文化的美学飨宴齐肩并列，娱乐价值并无高下之分。

渡过特伦特河，仿佛来到另一个英国，属于工人文化的英国。黑潭的崛起正是顺应工人阶级大众文化的发展。

怀旧的氛围长期持续，虽然不单单是工人阶级的城镇才有，但黑潭这样的地方总让人有种此地正急遽衰退的感觉，情感便更容易被催化，使人格外惋惜。很多人假日来黑潭，是因为念旧；其他人来这里，却是想怀旧，或者至少想体验怀旧的感觉。

当初开发此地区时，湿地上还有些野兔踪迹，当地人仍历历在目。几十年来，像鲁吉利和黑潭这种市镇因经济转型已失去原先仰赖的收入来源（黑潭丧失的正是观光收益），又未能找到新的发展重心，于是日渐萧条。

虽然黑谭走向衰落，但很多邻近地区想找工作的人还是会如飞蛾扑火般义无反顾地来到这儿。毕竟，黑谭的确风光过一阵，曾经充满活力和机会。在“光亮木”酒吧，我遇到一位刚从海滨小路过来的镇民，向我说明了移居者失意典型的过程：“来这里的人都会跟你说，‘这里是黑潭啊，我们一定会成功！’就把别的地方的房子卖了，搬来镇上。第一个星期住民宿，出去也没找到工作，可是家乡的房子都卖了，最后只能流落街头。”

黑潭确实有严重的游民问题。太阳刚一下山，这群丧志溃败的大军便好比都市里的野狐和野猫，从阴暗角落蜂拥而出。此地的情况太糟，大多数的商店和餐厅门口仿佛都有堆破布山。初来镇上，我就看到一家自助洗衣店门口积了一堆待洗衣物。起初，我还以为是为了提醒衣服的主人来收拾，结果皱巴巴的纸箱和垃圾袋下躲着一位老先生。有时，也能看见有人因为吸食“香料”（Spice）而进入亢奋状态。这是种看上去像碎草药的绿色混合物，掺有合成化学物质和类似大麻的药草，附近地区一袋仅要价10英镑。“香料这玩意啊，”酒吧里的酒保和我聊起，声音里满是不屑。他指向外头一个年轻人，那人俯趴在一家炸鸡店前，身后还流下一道失禁的痕迹。“大家都染上这见鬼的玩意儿了。”

他们是人——走在路上，每每看到有人吸食“香料”后的模样难免不自在，只能暗自提醒自己，并克制着不要刻意打量人家。黑潭镇上的流浪汉，甚至比伦敦某些区域还多。据我在当地报纸上看到的一份数据，每年黑潭约有2 500个家庭因为流离失所或有此风险，而向镇方求助。[7]近年来，许多房东以租赁权保障期间到期为由赶走房客全家，此类事件在英国各地已经数见不鲜。[8]

某次在黑潭公立图书馆外，我遇到一对无家可归的父子，他俩前一天才因为找不到房东而向镇方求助。他们本来有房屋津贴，但租到房子后房东销声匿迹，就业中心也没办法发放津贴给房东，这对父子只好流落街头。

海滨小道旁的酒吧和餐厅在夜晚重现生机，然而在声色犬马与饮宴欢愉之外，远处的贫寒景况深埋于黑暗中。神色忧郁的男女蜷缩着身体走向酒吧外抽烟的几个人，讨点零钱或一小撮烟草，惹得对方一脸尴尬。镇上仅有的几家旅馆都客满为患，半个床位也挤不出来。每晚九点左右，镇中心的许多建筑物门口和人行道上便纷纷有人选定位置准备露宿过夜。不想蓬头垢面的人，就上一趟黑潭的“20便士大旅社”——也就是镇上图书馆的公厕和洗手台，简单清洗一番。我就是在公厕外面初次见到盖瑞，一旁阴湿又臭气冲天的走廊便是他平日夜宿的地方。

盖瑞以绘画和装潢为业，不过和他认识时，他的画笔和滚筒早已不知去向，只背着自己的“家”和随身物品，像蜗牛壳一样扛在身上。盖瑞才40岁出头，已经“顶上无毛”，还有一对显眼的招风耳。有时因为光线，盖瑞看起来比实际上老得多，脸上的沟纹很深，好比孩子拖着树枝在柔软沙地上划出的痕迹。那一整天，盖瑞只吃了一块圆面包，喝的四杯茶还是好心路人买给他的。

当时，我本就打算熬夜，好看看入夜后的镇上有什么变化，便决定和盖瑞做伴。我们在泰尔伯街上一条人行道栖身，旁边还有一位年纪稍长的男士，他用塑料布把全身裹得紧紧的，状似一条毛毛虫。那天正是星期六晚上，干燥的八月空气里飘来喧嚣的尖叫笑闹声，还有为足球队助阵的歌曲，听来是酒客和找乐子的人纷纷走出了酒吧，正准备搭出租车离开。离我们不远处有一整排烤肉铺，正好给酒醉作乐的人助兴。盖瑞说，他每晚都选这里过夜是因为有监视器看着，能睡得安心些。

“如果有监视器，他们就看得到发生了什么事；有监视器，我就知道不必担心。”他一脸忧愁地告诉我。

周六晚上，许多英国小镇都有暴力冲突。一触即发的气氛像下水道的味道一样恶臭，在空气中挥之不去，而且比起伦敦或曼彻斯特这种大都市，许多小镇上的危险气息更是浓厚。

盖瑞一脸安心地指着头顶上的监视器给我看，当时我只是好奇他说的到底是什么意思。除了偶尔有几个双颊凹陷的毒虫四处游荡着想买点儿毒品，这儿有什么好怕的？过了几天，我才彻底明白自己有多天真——我碰见一个流浪女性，她一只眼睛肿得厉害，说是前几天晚上受的伤。那晚，她躺在一堆垃圾旁边小憩，有几个醉汉经过，不由分说便对着她的脸猛踢，好像她的头是足球一样。她补充道，最惨的不是这个，而是那些恶棍踉跄跑开还不忘恶意地大笑奚落她一番。“去找工作啦！”其中一个男人在她尖叫时朝她大吼。他们跌跌撞撞进了一家烤肉铺，笑得像群狂躁滋事的法西斯分子。

“没有人去想你为什么在这里，”盖瑞说，“大家只会对你吐口水，晚上喝醉之后对你丢空瓶子。你一定没办法想象，我被很多人丢过瓶子、吐过口水，也被揍过。他们就当你不是人，也不会相信你说的话。”

有些路人则希望露宿街头者表现出一点忏悔，好换来他们微薄的施舍，这同样令人难堪。“你最好把钱拿去买东西吃！”给钱的人会这样“指教”盖瑞，好像给予的目的是要从他们看不起的流浪汉身上挤出仅剩的一丝自尊心。

我遇见盖瑞那夜连下了几小时苦雨，直到天明，路面散逸出一股发霉腐臭的气味，唯有像我俩这样坐在路边的人才能闻到。其实，我不敢坐得离盖瑞太近，总怕被传染上什么病。如同许多“文明人”，不知不觉中，我已对流浪汉形成一种刻板印象，觉得他们不是吸毒就是混在不干净的环境里，与细菌和病源为伍。以前的我可以和三五好友窝在冬暖夏凉的酒吧，大肆议论盖瑞这类人。如今我处在与他相同的环境，只能用浸湿的纸箱裹着身子保暖，承受着上百万种陌生又不尽愉快的感官体验，方才体会到这和躲在酒吧议论是完全不同的两回事。此刻的你，也被迫扬弃从前有意无意所接受的观念，不再对露宿街头的人有偏见。虽然实际上，任何人都不可能真正地改变看法。

话说回来，盖瑞倒是真的生病了，他的身体已受癌症侵扰。他说出这件事时，我突然感到一阵羞愧。

除了定期化疗，盖瑞也得每天两趟，万般艰辛地走到镇上的药局去领三种止痛药。领到药剂之后，必须配上好心路人送的茶或咖啡，才吃得下药。

盖瑞和大多数癌症患者不同，他“对抗”病魔的条件不好，不仅经常三餐不继，晚上睡觉也总被噪音、落雨干扰，有时还要被路过的醉鬼拳打脚踢，难得安眠。盖瑞的“休养”基本上就是平躺到地上，同时遭受成百上千路人或厌弃或恶意的目光，如此而已。

确诊癌症后不久，盖瑞多次尝试自杀。他曾拖着身子勉强爬上一栋大楼的高层，找了扇离地面80英尺的窗户，往下一看，只见脚下杂乱蔓延的城镇街道，和那远近驰名的海岸景色。

“我就把手背到后面，往上看天空，跟父母说声对不起。只记得我把踩在屋顶的右脚往后一蹬，其余的都不记得了。”

盖瑞不断坠落，一边感觉身体翻转了好几圈，一边等着——等着粉身碎骨——他“砰”得一声摔在地上，眼前一片黑暗。结果，他没摔在水泥地上，反而不知撞上什么东西反弹了一下，最后像个破烂的玩偶一样跌到地面。

“看来，八成是中间那三扇打开的窗户救了我一命。如果窗户没打断我掉下来的过程，我现在就不会在这里了。”

根据地方报纸2016年发表的统计，每10万个黑潭居民里，就有17人企图自杀——约达全英国平均值的两倍。[9]黑潭镇的自杀人数是全英国第四多，我正要从事的照护员工作，则是女性自杀率最高的职业。

盖瑞因跳楼而受重伤，住院将近一年。出院时，他的生命几乎无所凭依：工作没了、房子没了，前途一片渺茫，又身患癌症。我遇见他时，他已在街头流浪了五个星期，还要三个星期又两天，他才能取得社会安全的救助资格——他年满16岁、没有直接扶养的儿童、不属于紧急安置的“优先”身份，因此只能设法熬过这段时间。在等到救济之前，他进退两难，遭人遗忘。他相信自己不只摔下楼，也从社会安全网的漏洞摔了出去。他每天都数着日子，等着可以申请救济的那天到来："还有三星期又两天。"他对我说了好多次。在那天来临前，他还是得吃、得睡，做什么都不得不在风吹雨打的户外进行。

> 我出院没有马上去申请救济，因为我以为用不到。其实我应该有资格领社会福利，比如可以每天或两天看一次医生之类的……我也以为社会福利待遇是自动取得。我猜他们给我提供了错误信息，因为现在跟以前的制度不一样。我没申请过，所以什么都不知道，就变成无家可归一团糟的德行。真糟蹋人……念过书、工作过，结果成了这样。

盖瑞始终直视着我，皮肤看起来黯淡缺少血色。他每隔两天会到附近的救世军旅馆洗衣服，每次花费一镑。但他身上没钱，只能向路过的人求助。

> 你一定不知道这有多难。有时候，还要先买杯饮料，才有借口坐下来跟旁人开口。我前半辈子都努力工作，现在颜面尽失。我不是在贬低自己，只是有些人一直都没地方住。他们一定比我坚强一百倍，我都不知道他们是怎么办到的。

盖瑞的故事有值得一提的点：种种不幸发生前，他原本有遮风避雨的房子、一份周薪400英镑的工作，衣食无虞，多数人都会同意他的生活也算得上体面。如今，一切都从盖瑞手中溜走，好比流水冲进排水孔一去不复返。此刻盖瑞的人生正如他所言，就是“一团糟”。

有个睡在附近的人听见我们说话，便偶尔从一堆塑料袋里探出头，露出一大把棕色胡子，还有只覆盖半个头顶的稀疏发丝。男人眼窝深邃、满脸痘花，恰似月球表面坑洼不平。在睡袋底下，可见他身穿一件脏兮兮的破T恤，待他一站起身，又见上衣包裹着的是一副单薄的棕色身体。他看上去饱经风霜，正是盖瑞仰慕的那种街头“老鸟”。听到盖瑞沉痛哭诉镇上旅馆处处客满的情形，痘疤男也滔滔不绝地抱怨起来。

“我去镇公所，他们说要给我旅馆床位，结果最后还要付40镑。”痘疤男边抽烟边说，面前一片烟雾弥漫：“每星期的福利金里面要拨40镑出来住旅社，你懂这什么意思吗？我还要看医生拿药啊。”

这人骄傲地告诉我和盖瑞他肺的状况和百岁老人差不多，倒不是因为他喜欢抽又浓又呛的烟，而是因为他做了半辈子装潢，长期接触气味刺鼻的油漆涂料，久而伤身。这天，他也随身携带油漆刷出门，还有三片已经皱烂的瓦楞纸板。选好坐卧的地方，便用刷子清扫附近地面，再铺上纸板。如此打扫是避免晚上睡觉时，有尘土和虫蚁入侵他的塑料睡袋。他接着描述之前如何难得地好好梳洗了一番、刮了胡子，才能不引人注目地走进咖啡厅，坐下来点东西吃，吃完再走出店门。他用粗糙的声音说，这么做“总比整个晚上饿得睡不着好”。他把烟盒递给我，神态恍若手上拿着珍奇藏品的博物馆导览员，要向来客展示一番似的。

窝在15英寸宽的肮脏薄纸板下睡觉，可一点也不舒服，好比淋雨之后被感冒缠上的通体不畅。如果躺平，尾椎骨会抵在硬邦邦的水泥地上；如果侧睡，换成髋骨着地。就算真的睡着了，也是断断续续，不是完全清醒也并非不省人事，而是困在混沌的灰色折磨状态，总能感觉到周遭事物——逼人的风钻进衣服缝隙，附近酒吧里传出粗声嘶哑的阵阵笑语，路人经过的喧闹，你半闭的眼前飘过一张张皱缩僵硬的脸孔，好像灰暗的污点一样模糊不清。你感觉自己在原地漂浮，偶尔噩梦侵扰，梦里的自己踉跄摔下了某个窗台。依我看，只要在室外席地而睡，就算只睡一小段时间，都能让最力拒诱惑的人迅速缴械投降，寻求药物麻痹心智。

隔天，我们早早醒来，清晨的第一道曙光恰好洒遍黑谭镇，一路移动至海滨，迎上涌向岸边的潮水。昨天的胡子男已不见踪影，人满为患的各家旅社涌出餐具碰撞的声浪，夹带培根与鸡蛋的香味，正是为房客准备早餐的光景。英国醒来了。我想，我和盖瑞顶多只睡了三个小时。我向他道别，准备离开。这天早上，他看起来比之前更乐观，还开心地告诉我，他还是"有福气的"。

"我起码有几套衣服可穿，"他得意地说，"我不会说我什么都没有，因为我还有几套衣服，还比一些人过得好。"后来，我决定继续出门探查，想知道街头流浪的生活，和所谓的平凡人生——也就是有工作、有薪水、吃饱穿暖、有地方住的生活——两者间的鸿沟究竟有多大、多深。

2016年8月，专门处理流浪汉问题的"庇护"（Shelter）组织发布了一份报告[10]，声称英国有1/3的家庭在失业一个月后就无力支付房租或贷款。经过2008年经济萧条，流落街头的人数大幅增加。2009年与2010年后，流浪汉的人数更是几乎每年都有所增长。[11]都市里确实可以观察到这类现象，在地方小镇更显而易见。每个市镇最热闹的街上，都有男女盘腿席地而坐，用摇尾乞怜的神情仰望路过行人。地方政府一如往常“正在探讨问题成因”，却只是公事公办、立法执法，而不是基于人道关怀——有次，《兰开夏晚报》（*Lancashire Evening Post*）头版刊登了一项公告，志得意满地宣扬道：警方逮捕了一名在普雷斯顿街头行乞的男子，首度针对此类行为发出警告。这句话的上面是一条火药味十足的标题：“流浪人口或将走上穷途末路。”配图为事件中乞讨者的照片，只见他一脸憔悴干瘦，像个骷髅头蜡像般，茫然不知所以。

看待盖瑞这样的人，很容易落入父权主义*的窠臼，觉得穷人都“受尽压迫”，却忽视他们身上可能有的一切恶性。每个社会阶级都一样，就算身无分文的人也会有缺点。肯·洛其（Ken Loach）电影里那些善良诚恳的角色是穷人；盖瑞落脚的街头，那些散漫游荡的醉鬼也是穷人。真正的错误是误解和完全低估物质因素的影响，因为实际上，物质因素会把像盖瑞这样“值得救助”的人，变为那堆在街头晃荡、衣衫褴褛的酒鬼，每天从粗糙的褐色纸袋里掏出瓶罐，大口畅饮，游手好闲。

人生不必惨绝人寰，只要遭遇过几次不顺，霉运就可能累积起来，像一层层碎石压在一个人身上，直到再也无法摆脱困

* 父权主义可粗略理解为“基于权威并以他人福祉为由，限制对方的自由或剥夺其利益”，常见于上位者或掌权者“我是为你好”之宣称。

境，整个人便垮了。至于偶尔兴起便对街友施暴的人，必定看不惯这些男女在黑潭景色萧条的通道走廊下席地而睡的样子。“这哪还像个人？”施暴的人大概一面如此喃喃自语，一面钻进计程车。回到家舒服地冲个热水澡，再窝进温暖的被窝，饿了也有满桌的食物可吃。对于这些陷于水深火热的流浪者，则移开目光，眼不见为净。

-8-

照护员的工作，或许能算作现代化国家的必要。星期三中午，多数人都在办公室上班时，照护员便像一道蓝色闪电，从庭院小径和门廊猛冲而出；就像邮差身着红色制服的身影，在冬日早晨结霜的窗外一闪而过，只听见一阵往信箱投信的哐啷声。除非自己需要照护员帮助或者亲身投入这行，否则平常人根本不会注意到他们的存在。就算看见造访不同人家的蓝色身影，也不知道这是何许人也。知道有照护员这门工作后，每次看见面带愁容、态度战战兢兢的照护员，你也许猜得到，此人大概才刚刚清理过一摊呕吐物、帮人擦了屁股。某些特殊情况下，照护员还可能是某人断气前最后一名交谈的对象。尽管工作如此辛苦，照护员在社会上却被视如敝屣。“讲难听点，和清洁人员没两样”，有个照护员同行是这么形容的，反正都没什么地位可言。

1979年，有64%的赡养机构与护理之家床位都由英国国民保健制度（National Health Service, NHS）和地方政府提供；到了2012年，此数字已经骤降至仅剩6%，多数床位都改由私人机构提供。目前，私人部门雇佣的成人社会照护员占比超过2/3，其中有一半在照护机构工作，38%则受雇于居家照护事业。[12]目前，约有30万英国人住在赡养机构，50万名长者和身心障碍人士依赖居家照护、协助洗衣和更衣等服务。据估计，因为人口老龄化，需要社会照护的成年人，未来15年间会再增加170万人左右。[13]

待遇方面，多数照护员只能领到最低工资。通常，上门探视会在20分钟内完成。结束后，她们（80%的成人社会照护员由女性担任）就会冲出客户家，钻回车上，匆忙前往下一家，赶赴下一个预约。[14]她们的雇主通常是以最低价拿到地方政府招标的公司，重视成本控制，最希望照护员在相同的时间里可以多清几条导尿管、多换几片看护垫，发挥最大效益。

照护业经营者争相夺取逐年缩水的社会照护预算，导致劣币驱逐良币的结果：照护人员报酬微薄，只有一份不稳定的零工时合约保障；整个居家照护产业则流行闪电式上门探视，逐渐成为业界常态。

现今，照护服务质量本已滑落至应有水平之下，又因地方政府预算被砍而更加恶化。预算不足，不仅影响照护人员的劳动条件，也连带影响着付费购买照护服务的病弱人士。国家推行撙节政策，地方政府预算缩减，导致部分地区最后拨给年长者居家照护的经费远少于每周554英镑的建议标准。同时，某些私人照护业经营者则希望至少回收12%的投资成本。不同因素共同促成了现况。

若将问题只归于地方政府预算，那还比较容易，但社会照护私有化的趋势已将整个产业罩上一层营利事业的外观，有时利润似乎比需要服务的对象更重要，更甚于人的安康福祉。在争夺市场份额的诸多经营者眼中，哪还有需要照护的老人，不过是资产负债表上的金额罢了，只有化身为数字才有分量。这个产业惯用的行话正好反映了资本逐利的贪婪本质：年长者是“客户”“顾客”和“服务使用者”。

话接前书，在英国照护人职数周后，我才终于有机会实地进行居家照护工作。某天，接待员突然致电问我能不能立刻上工，跟另一位照护员上门探视。她还跟我保证，每项我帮助另一位照护员完成的工作项目都能获得薪资。当时，我还在等DBS检查结果，不能正式工作，但可以从旁协助。国家对特定类型的照护工作管制较严，比如用升降床移动客户身体，出于安全考虑，法规要求这项程序须有两个照护员才能进行。但一般的照护项目，业者就能让DBS检查结果还没有出的员工进行——当然，如有万一，业者须负全责。

说起来，DBS制度的效率实在令人诟病，导致我得跟着别的照护员才能工作。我搬到黑潭满六个星期，文件仍是“处理中”。

在我开始实际进行居家照护时，公司要求我们在30分钟内完成，包含全部的通勤时间，扣掉从一地出发到客户家，再从客户家到另一地的时间，只剩20分钟左右可以工作。有时东减西扣，在客户家的时间只剩寥寥5到10分钟。照护员的行程表很满，塞得像罐头里的沙丁鱼般毫无空隙。所以不论拖延原因为何，只要在前一家耽搁了，就要设法弥补，分秒必争，自然要压缩到后面的工作进度。结果，接下来大半天都在赶时间，服务每个客户的时间都跟着缩短，一心只求赶上预期进度，不要超出预定时间。如果办不到，就得整天不停工作，早上七八点开始，晚上十点或十一点才能收工，而且中间连喝杯茶或咖啡的时间都没有。相对地，很多不计入工时的时间，只能呆坐在停车场，愁眉苦脸地枯等公司打电话派下一趟任务。

根据现年52岁的爱丁堡居家照护员海柔的说法[15]，通常一天的工作流程进行如下："你从早上七点工作到下午两点，如果中间有哪一家超时，后面两小时的休息时间就没了。因为四点又要回来值班，到晚上十点半为止。我的意思是说，十点半其实就跟十一点差不多，而且还没算通勤回家的时间。"

回到家，半夜十二点到一点才能上床睡觉稀松平常，睡到六点便得起床。我大约是在早上六点到八点和搭档的照护员碰面，然后工作到下午两点。下午两点到四五点可以休息，再回来值班至晚上十点。如果中间得到休息还算走运，毕竟这份工作需要严格遵守时间表，没有让你好好照顾老人和穷苦人的余地。

进了客户家之后，我会先看看他们的专属照护计划，了解他们的个别需求。如果有搭档，会一起协助客户下床，扶他们走到浴室。进了浴室后，帮忙他们清洗身体，然后更换纸尿片或卫生棉。完成清洁部分，我们会协助客户更衣，再让他们服药。最后可能要帮客户做饭，顺便泡杯茶或咖啡给他们。

在日常照护任务中，你很可能需要站一整天。有个同事说，他一星期工作80小时，只为了养活自己和具有身体障碍的另一半。另一个同事则说："每晚回家都已经十一点了，隔天早上七点又要上班。按照法律，应该有12个小时的休息时间……真希望谁来跟公司提醒一下。我们没人能休满12小时，都是七八个小时而已。”[16]

公司里有个比较年轻的同事还在快餐店兼差，通常她晚上十点下班后，还会到餐厅值班到凌晨三点。听到这里，你大概会想，如果从事照护工作赚的钱再多一些，她应该更想回家睡觉。谁想大半夜去餐厅上班，帮客人打包外带餐点？

除了体力劳动，居家照护工作也常造成情绪负担。清理别人身体排出的东西已经够挑战了（“你只能早点习惯”，有个照护员如是说）。有些照护对象的处境，除非铁石心肠，见了实在很难不动容。我见过年纪非常大的客户，亲人不闻不问，家里没有一点东西吃，我们只好不定期替老人家出门采购，买些牛奶和面包之类的必需品。可是，既然我们有时间压力，什么事都得火速完成，也就不是每个照护员都愿意额外帮这些忙。

比如有一次，我帮一位全盲男客户洗澡，就花了超过20分钟——已经达到规定的停留时间了。如果在这儿花费了太多时间，可能就会让其他客户处于无人看护的危险状态。另外，几乎每个照护员都照顾过独居老人，这些老人不仅家里没暖气，还吃不饱、穿不暖。如果迟到——有时可能不是你的错——进了门，或许会看到客户一个人坐在被尿液浸湿好几个小时的护理垫上，生出严重褥疮。类似场景还有很多，说也说不完。但身为照护员，能给他们提供帮助的时间总是有限的。有些和我搭档的同事，会刻意提出一些让人有压力的问题，好让任务赶紧结束，像是：“你今天不必买东西吧，艾索？”或者“你还不饿吧，布莱恩？”通常客户不想给我们添麻烦，就会说不需要。

有个同事早就发现有这种情形，向我讲述她的所见所闻。

> 比如说，有一个照护员和一个需要服务的人……这位女士需要换垫子，然后照护员问她："你现在不用换垫子吧？要吗？"这样问，客户有时候就会说"不要"，其实她明明需要。这是典型的诱导行为……所以我会再问一次："你确定？"搭档照护员就会改口："还是帮她换好了。"我只是想满足每个客户的需求。如果不给她换垫子，本来要花40分钟的照护就会变成10分钟收工。有些人只想快点了事，实在不太好。[17]

还有个麻烦：每当你进行一件工作时，知道同时间可能还有别人正在等你。如此一来，就算能和照护对象建立联系，关系也难免会受影响。根据慈善组织"英国护老"（Age UK）于2016年进行的研究，60岁以上的长者中，超过50万人处于独居状态，鲜少与人互动，也有近50万名老人连续五六天见不到任何人。[18]通常，人想要的很简单，不外是希望有人做伴。在我们结束工作匆忙离开之际，往往看见老人家一脸失望，也没办法多聊几句。照护员总是一心赶上时间，匆匆来去，留在原处失落的总是客户。说起来，这正是他们的身份——客户，双方本就是冷冰冰的交易关系。他们是客户，你也只不过是公司业务的执行人而已。

死亡的重重鬼影也影子似的时刻尾随。总有些老人讨人喜欢，让你忍不住和他们交好，愿意每天探望，有时双方关系还能维持多年。某一天，你上门进行例行拜访，门牌上熟悉的名字却消失不见，只剩一抹空白。死亡不过就是一张纸，看过了，日子还是要过。

这工作各方面都充满匆促，自然会招来重大风险。有好几次，我都撞见药物管理记录（Medical Administration Record）的表空留白未填，可是我们明明已经给客户服过药了。如果用药不慎，可能引起中毒。比如今天客户已经服药，稍晚又有照护员探访看见没有记录，便又给客户用药，导致对方服药过量。前面提到的同事海柔在电话中告诉我，公司曾派她去照顾一名客户："之前已经吃错药好多次，没中毒真是奇迹。"

在海柔看来，造成这类疏失的一部分原因是照护员的语言能力不足："因为很多照护员的英文不够好，看不懂客户吃的是什么药，也搞不清楚什么时候应该吃，就出错了。"

照护产业中，东欧外籍劳工所占比例日渐提升。他们大多和英国照护员一样，富有同情心，也认真尽责。但和亚马逊仓库中的情境相同，与英国出身的照护员交流后，他们得知照护服务公司很清楚东欧外籍劳工的处境，牢牢抓住他们的弱点，让他们心生畏惧，进而展现英国人无法比拟的顺从。同时，英国人也倍感威胁，怕被乖顺的东欧劳工取代、怕缺钱，于是不论管理阶层要求什么都甘愿忍受。根据其他公司的照护员所言，这样的威胁感始终存在。公司口蜜腹剑——一切期待，尽在不言中。

"我觉得，态度这种事……不想做的话，就走人吧，因为我们还有10个外籍劳工可以补上，他们非常乐意。"海柔说。海柔是移民，是从瑞士来到英国的外籍劳工。她告诉我，她“对外籍劳工没有意见，很多人都是好人”。但前述失误不断出现在客户的照护记录中，不禁令她担心。

> 你想想……有些外籍照护员连食材上的标识都看不懂，怎么可能知道正确烹煮的方式。我对外籍劳工没意见，但他们实在应该先拿到个什么文凭或通过英文鉴定，至少证明他们英文足以进行基本的读写……我在瑞士也是这样，我法语还可以，但要用在工作上还差得远……如果要用法语写记录，我会觉得别扭，也不太敢写这种有法律效力的文件。

的确，药物管理记录表会产生法律效力：不论医疗事件调查程序或法院审判案件，这类记录表都能成为呈堂证供。有份2012年的研究调查了英格兰各地的护理机构，结果发现90%居住其中的照护对象，至少遇到过一次错误给药的情形。[19]

如果能提供外籍照护员英文进修课程，或许情况会改善许多，然而在2010—2015年，政府大砍了“其他语言母语人士之英文能力”（English for Speakers of the Other Languages）相关计划预算。2010—2016年，参与课程的人数从近18万人降至10万人。[20]此外，若在某些照护公司，就算举报不当对待或用药错误事件，也不能保证会有人好好处理问题。

“如果去填事件或意外报告表……他们就想办法把你请走。”海柔提到某家她之前待过的公司，便这么说。“先把所有最辛苦、最困难的工作塞给你，等你受不了，自己就会走人。”

除了提高工作难度，公司也可能缩减你的工作时数，砍到你没钱吃饭为止。说来，这便是零工时合约的好处，因为原本就不保障最低工时。根本不必动用解雇这一手段，只需要把捣蛋鬼晾在一旁就好。

除了待遇，照护员的工作还有一点让人很难习惯，就是有时上门拜访客户，对方的家里会飘出一阵阵令人反胃的臭味。这样写出来似乎很不堪，但面对臭味确实是我最大的挑战。每个人都会有难过的一关，我的障碍就是无法忍耐臭味。“嚼点特强薄荷糖吧，这玩意儿最能盖住秽物的味道。”海柔给了我一个务实的建议。有些人完全没有我这种敏感多虑，可以面不改色地做好工作，真让人肃然起敬。很多事我做起来很困难，勉强才能应付，别人却能毫无怨言地接受。可是，无论他们完成多困难的工作，都只能赚到微薄的报酬。像照护工作这类公共服务再也没有荣誉感可言，很多时候连别人的尊重都得不到。

“我照顾过一位女士，很讨人喜欢，我也很喜欢她……她以前是植物学家，有肠脱垂的问题。”海柔描述起一位客户的状况。

大肠尾端部分脱落到肛门以外即肠脱垂，通常在排便时发生。在有经验的专业照护人员看来，这是很常见的问题，没什么值得大惊小怪的；对新手来说，却是震惊且难堪的体验。

> 我第一次和她见面是入户探视，她刚好因为肠脱垂困在厕所。我只好过去乱塞一通，然后找人帮忙。我打电话

回公司说："我没办法继续后面的工作。"来帮我的人很习惯这种事，还语气轻松地说："哦，又来了吗？"我52岁了，还算见过世面，但我比较……还是比客户年轻……当时我快被吓死了。

纽卡斯尔（Newcastle）来的40岁居家照护员罗雪儿[21]，之前在英国某大型照护公司工作，该公司和英国照护的运作模式差不多。罗雪儿当时采取十四休二的工作模式，每天早上七点半上班，晚上十点下班。

"我一星期至少工作60个小时……刚开始工作我就连续出勤九个星期，完全没有休假。如果跟公司抗议，他们就缩减你的时数。"她无奈地描述。

罗雪儿说她认识一个女生，"做24小时全日班，一天只拿62镑"。听起来不多，是因为照护员就算留宿照护对象家中，工资也会扣除睡眠时间，其他时数再用单一费率计算。全部时数的费用总计，反而不到工作24个小时应得的最低工资。

罗雪儿认为，过劳的排班不仅影响照护员，也影响照护对象。

"我觉得，照护员的劳动条件会直接影响照护质量。一方面，照护员拿不到国家订的最低工资，不计通勤时间，要在15~20分钟随传随到，每次去拜访客户都急急忙忙；另一方面，照护员没有必备的知识和技能，没办法处理特殊状况，因为你直接进入行业，很多事都靠自己摸索。"

除了实发工资不足最低时薪，往返各处的汽油钱也是成本。英国照护对照护员提供加油补助，不过每天拜访第一位客户的路程不能申请补贴。通常，申请下来的油资补贴没办法抵销全部油费，总得自己付一部分。

罗雪儿表示："如果接三趟22分钟的探访想在两个小时内完成，但这三个地方可能各自距离5~10英里，那上一家的工作还没做完就要赶往下一处。所以试图在时数内做完只能缩短每次的时长，可是这等于从弱势方身上偷时间。实务上，照护机构都鼓励你这么做，还会跟你说：'哦，你动作快一点不就好了。'"

局外人可能很难理解，为何照护产业的人员流动率如此居高不下。据分析，预估未来20年内，照护产业就会面临近百万人的人力短缺。但一家居家照护业经营者在2016年进行了一份调查，结果有六成的受访者表示，他们没有意愿从事居家照护工作，因为工作中的某些部分会让人不快，又太没尊严。

"天啊，"很多客户一见罗雪儿，便说，"又换人了。上星期有那个谁和谁，今天是你，跟昨天晚上也不是同一个人。"从产业内部观察，能更清楚地得出照护员流动的原因。我总是想早早完成照护工作，之前在鲁吉利，即使亚马逊的工作很累人，也还不至于让我如此不耐。还有，照护员心里很清楚，如果自己得到的待遇不佳，可能反过来影响那些付钱换取照护的人，心里便更难受。

"说来就心疼，他们都是可爱的好人，"海柔说，"他们很乐意和你分享往事，像熬过战争的经验之类的，他们都聪明又脆弱，结果却被视为麻烦。"

不慎造成产品损毁或运送迟延不痛不痒，因为这不过是拣货员受压榨的结果；但管理层苛待的后果却要由活生生的人来承担，那感觉可是完全不同的，特别是这些人本就脆弱无助、不堪一击，才需要社会照护服务来扶助。从照护员的立场看，我应该庆幸自己至少还有份工作。某天，脱下照护员的蓝色制服后，我踏上黑潭中央街，看了看周遭，便觉得在这种地方有工作已经算幸运了。的确，我们不能确定时数会不会被砍，砍到连一个破房间都租不起。但起码有工作就有钱入账，至少还能拥有一点生活的依靠。

-9-

黑潭地区的工作受季节影响的比率较高，近年的经济衰退潮更是拉开了夏冬的淡旺季差距。过去黑潭的季节影响曲线平缓起伏，如今旺季曲线仅有低矮的峰顶，淡季却陡然下降、如坠深谷。根据镇上的美发师艾伦·维德所言[22]，国内经济好转后，很多人努力想找到工作，却又“被雇主吓得半死”。

> 这些人的故事你听了都不会相信。
>
> 上星期就有一个，进来的时候看起来都快哭了。他本来去建筑工地工作了三个月，还以为自己做得不错，不会有问题。结果有一天，工地的人突然跟他说：“好了，我们不缺人了，你可以走了。”他就问：“做到哪天？下星期一吗？”他们说：“不是，反正我们不需要你了，你不要再来了。”就这样，要炒你鱿鱼。那个年轻人又问：“为什么？我做了什么吗？”他们只说：“哦，没有啊，你没做什么。”连理由都

不给。小伙子才20岁出头，难怪一副快哭的样子。

这样的例子比比皆是，沿着那条人称“金色步道”——连接镇上南北码头的海滨小道——走一趟，不时能看见失业男子来回游荡，想卖几本杂志赚点钱。他们卖的是《就可笑天地》（*Gag Mag*），一本三英镑，其经营模式类似《大志杂志》（*The Big Issue*）。每卖一本杂志，贩卖人员就能保留售价一部分作为自身所得。走到著名主题游乐园“欢乐海滨”（Pleasure Beach）附近时，我向一个名叫盖兹的贩卖人员买了一本《就可笑天地》，聊了一会。盖兹表示，黑潭“夏天和冬天，完全是不同的地方”。

> 在这儿其实很辛苦，因为冬天很长，你懂我的意思吧，老兄。白天游客来了，会觉得：“哇，这里真赞，住这里一定很爽！”根本没这回事，黑潭只有零工时的工作。

盖兹自称“健谈”，而且“有钱赚，做什么都行”。他很担心他母亲，因为“她想找份全职工作，却一直没有着落”。

> 我妈只能打工，没有老板愿意签全职……现在很难找到正式签合同的全职工作。人变得像数字一样，老板再也不把你当成人力珍惜，更不会当家人相处。我妈原本在马莎百货上班，以前他们会照顾员工，理发也有福利，几乎什么都有。现在去其他公司只是数字、只是麻烦，不是吗？等

你没利用价值了就踢走，再招新人……真缺德，一群垃圾。[23]

20世纪70年代，英国经济低迷不振，被颇为诟病。1973年，石油危机引起通货膨胀率上升，社会上普遍害怕薪资无法跟随调涨，工会因而群起抗议。撒切尔政府上台后，接下来十年间推动了许多政策以挽救经济，一时间却促成大量失业的问题，长期影响则是劳资间的权力转移。比起20世纪70年代，当代英国更加富裕，但财富的来源建立在特定人群的恐惧上。这群人难以翻身，总是不安，任凭老板一句话定生死。

高等教育扩张后，很多年轻人才有机会翻身，取得大学文凭——如今出身工人阶级的年轻人，能上大学的人数远比四五十年前多。但是，其他人呢？这年头白手起家从基层爬到老板的位置，可比以前难多了，看看英国的几家大企业就知道。2014年，富时前350大企业*（FTSE350）的CEO中，41%的英国境内受教育者都出身私校体系。[24]

“回到以前——我知道没办法——但我们可以回想20世纪60年代，以前不是这样的。”理发师艾伦这么说，这话倒很像我在鲁吉利工人俱乐部听到的。

以前我们有工会，工会可以保护你。但撒切尔上台以后，政府就把工会都解散了，什么权利都没了。要说权利也还有啦，但是你没钱保护自己的权利，对不对？告老板也要

* FTSE 指英国指数公司富时集团，FTSE350 指伦敦证券交易所所列出的 350 个最大公司的份额指数。

有钱才能告，所以做老板的可高兴了！

和很多年长一辈的人聊过之后，我发现他们都感觉年轻一代不是对社会生活漠不关心，就是毫无斗志可言。

结识艾伦那天，我出门看房子，好不容易租到一间在双联式住宅中小如船舱的房间。这儿离艾伦的理发沙龙只有几条街的距离，房租每周60英镑，含其他账单费用，还算合理。室友是位名叫史蒂芬的英国年轻人，这辈子大部分时间都住在黑潭。他身材消瘦、轮廓深邃，一头深棕色短发，气色看起来不大好，常穿宽松的长袖T恤，让肩骨显得更加突出。

他年纪和我差不多，但对我想探索的世界见识得更多、更广。史蒂芬做过各式各样的工作——从商店和工厂的值班，到工地和农场的粗工，他都有经验。几年前他失业了，便到B&M超市的仓储部当拣货员。B&M在黑潭镇起家，史蒂芬去应征时，其旗下员工已约有22 000人。B&M目前在英国设有四座大型物流中心，并有超过500家分店。[25]每家B&M超市的正面都挂着一面招牌，上面是颜彩鲜艳的橘蓝色四射光芒图案，让人一看便知。

B&M崛起的背景正好反映出时局艰难时，英国大众追求购物优惠的心态。经历了2008年金融海啸与后续衰退后，许多人喜欢到折扣商店购物，只求多省几个钱，免得陷入家庭赤字的困境。部分专家认为，B&M的急速成长像曾在英国各地兴盛一时的“乌沃兹*”超市的“翻版再现”。英国各地商业区衰退

* Woolworths，全盛时期在英国境内拥有超过800家门市，2008年宣布破产。

后，一镑商店与折扣零售业如雨后春笋般进驻，在乌沃兹关闭最后几家门市只过了一年，便有40%的门市原址出租或卖给折扣商店使用。[26]

搬进新家后，我和史蒂芬相携到附近酒吧喝一杯。他向我讲述了在B&M黑潭仓库工作三年的经历，他之前也做过类似的工作，所以颇有心得。

我们来的这家酒吧没放音乐，但宽敞的开放式空间里设置了五部电视，全都转到天空体育台（Sky Sports News Channel），新闻正热烈地播报着今年足球的赛季开打前，明星球员身价千万镑的交易新闻。我们俩拿着饮料，走到室外的水泥地庭园，在野餐木椅区找位子坐下。八月的天气阴晴不定，不过那天还算得上宜人，傍晚七点也很暖和。

> 上班当然不可能是兴高采烈的，毕竟一天工作九十个小时，但整天还都怕丢掉工作也很不正常。我们早上六点上班，然后就开始想会不会过半小时后就被开除？会不会我打包2 000个包裹才弄错一个，公司还不满意，就叫我滚？

当初，史蒂芬刚结束一段感情搬回黑潭，想找份新工作转移注意力。听说B&M进驻黑潭，他便跑去应征。

进入仓库后，史蒂芬的工作就是拿着订单，到处走动拿取列表上的商品，打包准备送到曼彻斯特、林肯或其他某处的门市。他负责找东西、装箱、在箱子正面贴上贴纸，再把箱子放到托盘上准备出货。这份工作的环境和我在亚马逊差不多，都是在大仓库里，只不过B&M的仓库更大，地址竟然跨了两个邮政编码。

“那个仓库以前是机场的飞机棚，从这里走过去大概5~10分钟就可以到。‘二战’时还用作惠灵顿轰炸机的工厂。这仓库真的很大，特别大。”后来，史蒂芬升任人人称羡的管理岗。据他所说，当主管让他“成为管理团队的一分子，可以从不同角度看事情”。

> 我发现，每次有人工作满12个月，就在手册上提出公司应该跟他们签订合同。结果公司就以各式各样的理由把人开除，或是宣称已经不缺人了。

B&M的人员阶层组织和亚马逊很像：穿黄色外套的职位最低，负责拣货和操作堆高机；橘色外套的则是主管。

> 那就是一种区分你我的想法……就算我是主管，也会怕丢工作，还担心公司会不会搬到利物浦顺便整顿人事……我的人力资源信箱没事就收到一大堆申请表，然后公司会说：“好，找下一批进来。”主管会看到这个过程，进办公室会听到这些，像是：“再补20个。”上面的人都这样，整天把员工移来移去。

而且，和我在亚马逊时一样，史蒂芬每天上班也要走很多路。

有一次，我跟同事讨论我们每天大概要走多少路，大家都开始猜。有个当过兵的男孩儿说，军事训练和这份工作的疲劳程度差不多。下午两点结束工作，三点之前回家，经常坐在沙发上就睡过去了两小时。你整个人都会精疲力竭。

史蒂芬也认定，B&M对员工进行的药物与酒精测试并不是很可靠，还可能沦为公司裁员的一种手段。

有很多人只是抽普通的烟，结果公司会说："好，现在进行随机药物测试。"每星期就这样踢掉10或15个员工。他们辩称本就该做，然后拿着从A到Z排列的名单……主管闭上眼睛，装成"现在开始随机抽人"，其实他们早就决定好了。所以有一天，我说："随机肯定更好。"如果你们想抓出一个叫艾伦的人，就选名单左上角，他的名字在A字区；如果想抓扎卡里亚，就选名单右下角Z开头的。有时候，那些主管会来找你："好，现在要做随机药物测试，你去帮我们找甲、乙、丙、丁、戊过来。"然后你得跑遍整个仓库去找这些人。通常，大家会躲起来，因为黑潭大部分的人——好吧，可能不是大部分，但很多人——都会偶尔抽点大麻或别的什么。如果这么早出门上班，前一晚又喝多了，就会用管治品来提神，不然撑不住。

后来，B&M的一部分员工筹组了工会。他们早有此念，但契机是发现公司内部存在不平等待遇。员工忍无可忍，决定采取行动。大家发现，利物浦仓库同样的职位竟然薪资更高，只因利物浦是都市。然而，出身利物浦，住在黑潭、到黑潭仓库工作的员工却表示，两地的物价水平差不多。而且从黑潭上公路只要一个小时，交通还算便利，因此大家认为薪资差异并不合理，这股不满最后推动了工会成立。

史蒂芬又提到，其实员工之中也存在“恐惧因素”，总有人有所顾虑。

> 尤其是有家庭的人，很多人怕得不敢参加工会……我是说，波兰人参加的意愿最低、拒绝的态度最坚定。“不要，我没兴趣，我真的没兴趣。”你看，他们真的是很怕，我想也是。

最后，该工会取得了法律效力，黑潭仓库的劳动环境也有所改善。最重要的工会任务通常也是最无聊的，而优秀的工会领袖则会热衷于这些看似无聊的事情，比如用来上厕所的休息时间应该多长、管理中介派遣人力的规则、个别员工应该有多少带薪休息时间等。如果你身处劳动市场最底层，那么这些鸡毛蒜皮的小事就很重要，那些鼓吹追求美好乌托邦的死板教条和标语反而没什么作用。新来的主管口中那些难懂的行话，也同样不会让你过得更好。

离开酒吧准备回家时，史蒂芬这么说：“工会就像马麦酱（Marmite），大家要不就是欢迎工会，要不就是痛恨工会。欢迎的人觉得工会可以对抗恶霸，痛恨的人觉得工会是来捣乱的，专门破坏公司……我17岁时还认为我才没兴趣，每星期多付两英镑给工会干吗？10年、15年过去了，我现在觉得这点钱真的很值得。”

-10-

我住在中央街时，英国照护的几位客户也正好住附近，都是些比较棘手的案例，比如等着进康复中心的酒精成瘾者、小气成性的退休老人、把家里弄得脏乱差的人。中央街地形略微起伏，过去被归为工人聚集区，但根据本地统计的调查数据，我搬到此处时，这里领取失业津贴的人数约是全职工作者的两倍之多[27]，并有一半的儿童出身贫困家庭。[28]

这里每250个居民中就有一人持有卖酒执照，约有半数的人吸烟。

曾有记载描述黑潭是“安康逸乐的绝佳居住地”[29]，如今已风貌丕变。接近正午，便有一群男子慢慢聚到投注站和酒吧外。有些年纪较大的男性，身上还穿着被虫蛀过的西装，宽松地垂落在四肢上，像皱巴巴的旧袋子。某个天气晴朗的夏日清晨，一幢正在拆除的房屋旁站着一群破衣烂衫的人，一边围观，一边从装满罐头的黑色塑料袋里如饥似渴地掏出饮料喝。围观拆除现场正是这些人的清晨娱乐，免费又有趣。有个外表饱经风霜的瘦子，背包里塞着一副人工呼吸器，手里却拿着一段未熄的烟蒂，急切地想吸出些什么来。很难想象比这更像连环漫画的场面，但这恰是如假包换的底层生活写照。

随着白天时光渐渐流逝，这群街头买醉客便会穿过马路移动到对面的公车站旁，看起来像在等公交车，不像一瓶接着一瓶畅饮的模样。要是他们有谁发现警察的踪影，便迅速冲进附近某条走廊或躲进旁边的巷子，等到“警报解除”，才小心翼翼地重新走回街上。他们总踉踉跄跄地走回公车站，因为压力源离开而急躁得宛如逃窜的弹簧。“他们酗酒是为了逃避现实。”有个镇上的警察这么跟我说。

每周星期三到黑潭公立图书馆，就能看到很多人被送到“求职所”，仿佛不乖的孩子要接受矫正。

我的部分受访者，不分男女，都去上了些数学、英文与信息技术课程，只求再拿到一纸证明，能更容易找到工作。其中，不少人的家中连电脑都没有，即使想复习课程所学也办不到。

图书馆老旧但空间宽阔，除了来借用电脑的人，还坐着许多退休的老人，昏昏欲睡地待上好几个小时，等着翻阅《每日邮报》，读读那些三句不离欧洲的头条内容。馆内不时有人为了抢报纸而起口角，往往带着小题大做的怒意指责对方：“拜托，杰克，你已经看了半天了，还不够啊？”在图书馆内也有一套长幼尊卑的秩序，最底层便是镇上最穷困潦倒的人，他们每天都在书架间游走，肮脏的手提袋垂在身后，像一团皱巴巴的纸。他们通常喜欢躲在昏暗的角落，找张椅子窝着，蜷起腿作蚱蜢状。有的人坐着坐着就睡着了，手里的报纸还摊在胸前随呼吸起伏。最后，馆员会过来把他们都赶回街上。但他们过段时间还会再来，来“20便士大旅社”盥洗一番。

“就算去就业服务中心也没人帮你。”某日，一名和我在图书馆外一同抽烟的33岁微胖男人这么说。

> 轮到你的时候，他们就跟你说：“哦，我看看，你最好申请一些津贴。”或是“哦，是有个工作，但赚的钱比你拿的津贴还少。那就再见，下星期再来吧。”……他们觉得这根本没有差别，你进去大概能待五分钟左右，单纯是走进去再走出来。根本没用……他们只想混日子，不会认真提供建议……我已经跟他们讲了几百遍想拿英语的普通中等教育普通证书（GCSE, General Certificate of Secondary Education），他们却会给你风马牛不相及的回答：“那很好啊！”……因为他们把你当渣滓，根本不会严肃对待你。这很难解释，但从他们看你的方式、和你讲话的方式，能看出来他们觉得自己比你优越。

从入职英国照护到获派工作为止，我一共等了两个星期。工作空窗期，我先到建筑工地打了几次零工。最初是在我家附近的公交车站看到广告，那是张用胶带贴住的破纸，纸上用马克笔潦草地写着招聘信息：最低工资、现金付款。也许工钱不多，但至少能帮助我度过这段日子，免得正式工作前就饿死。一打电话过去，对方便叫我上工。隔天早上八点半，我到足球场附近等着，一辆白色面包车依约前来，车上名叫“密克”的男人看见我，便掉头让我上车。

工地工作是纯粹的体力劳动——满身脏污累得半死，不停挖土来回推车，有时还要充当油漆工。虽然没人会注意工地里的情形（至少没人会管待遇是否合理），老板倒是遵守时间表：早上九点开工，下午五点收工，中间午休一个小时用于吃饭。每天的工作从定点接送开始和结束，整个路程都得挤在坐起来不太舒服的面包车里，满车烟味。有时收工后，密克会带我们去酒吧，请我们喝杯嘶嘶起泡的啤酒。和我一起坐面包车上班的几个工人里，有一个波兰人，另外两个是英国本地人，骨瘦如柴的小伙子叫艾登[30]，穿脏了的工作服下总有一件黑潭足球队的上衣。艾登正在领失业补助，因为怕就业服务中心知道他打工超过16小时会撤回补助，才来这个"三不管地带"的工地打工。

翌日，我接到英国照护的电话，要我去公司一趟。第三天早上，密克开着面包车来接我，我便告诉他，我要辞工。我本以为他会发火，结果他根本不在乎。"没关系，老兄，"他一边说，一边不太顺手地将车停靠过来，"早习惯啦，当我没见过？起码你还算有礼貌，会通知一声。真不懂你为什么去照顾那些老家伙，小心啊。"后来我在工地多做了一天，之后每天早上终于又能好好弯腰、爬楼梯，脚筋不再像弃置于烈日下的橡皮筋一样紧绷。最后一个下午，我推着一车石块砖头要转弯时不慎转得太快，鼠蹊部右上方猛地受到一股无以名状的冲击。收工后我火速回家休息，痛楚渐渐平息，几个月后却突然卷土重来，把我痛进了医院。医生小心划开我的肚子，像一般人拆开包裹一样小心向内窥探，处理了一番才算解决。

置身事外，你大可拿出统计数据畅谈黑潭居民的生活方式，直到自己高兴为止，但我亲眼所见却更发人深省。

在黑潭，最容易发觉的一件事就是多数居民显然体重超重，比例可能较南方城镇更高。在我初来乍到暂住的那间满是苍蝇的脏旅馆外面，能见到许多胖子在附近散步，身上的衣服看起来不像穿上去的，倒像整个人融化之后倒进了衣服里。是贫穷使他们发胖。布伦菲尔一带是整个黑潭居民健康状况最差的区域，黑潭又恰好是全英国整体健康最差的市镇。镇上的小饭馆外通常挂有牌子，昭告天下此地提供油炸食品，或油炸、或煎炸、或热炒、或嫩煎的喷香美食。至于吸烟问题，在餐厅里点根烟又没什么大不了的。

距海滨小道几个街区外，许多建筑物以前都是旅社和民宿，昔日接待前来度假的面粉厂工人和上班族，如今则改为便宜的出租公寓和套房。原屋主大多把房子卖了，或者整个家族纷纷作古，房子便落入所谓的“新贵”手中，出租赚钱。附近住的则是穷苦人家和弱势族群，许多原本是外地人，被黑潭貌似繁荣富足的特有历史氛围吸引来。这群穷困的外地人一来，正好称了房东的心意，因为新租户可以领到房屋津贴，很多房东看上这份稳定的收入来源，便高高兴兴地租给他们。同样的租房风气也出现在其他城镇。

某个星期六，我去了一趟莫克姆（Morecambe），一座和黑潭面临类似经济困难的临海小城。靠着海滩美景，莫克姆也曾是旅游胜地，如今风光不再，居民也只能依赖不稳定的季节性工作维生。由于近年盛行乘坐廉航旅游，越来越多的人能够负担整套行程，像莫克姆这样的小城景点便渐渐门可罗雀。没有人来度假，旅馆生意越来越难做，倒闭后转为出租公寓，也是穷人拿着房屋津贴来住下，才保障了房东的收入。曾有一位当地报社记者接受BBC访问，他将莫克姆描述为"附早餐的贫民窟"，专供领社会救济的人入住。[31]"老码头书店"的经营者维特斯告诉我，莫克姆镇二三十年前面临衰退的临界点，当时"要让旅馆和民宿住满房客，唯一的办法只有专车接送失业人士来镇上"。老码头是家店内堆得像书窟的书店，位于莫克姆镇海边，朝海傲然而立。

> 那时候都这样，伯恩茅斯（Bournemouth）也有同样的问题。以前，镇上有两个生意人会包小巴士去曼彻斯特和伯明翰之类的地方，载着失业人口和无家可归的人上车，其中无家可归者又占大多数……将他们一车一车地载回莫克姆后再把这些人塞进他们开的民宿，替房客填好所有表格送出去，政府就会下发补助，结果都进了这两个人的口袋。其中一个之前骑摩托出了严重车祸去世了，镇上没几个人替他难过。

离开黑潭之前，我找了一个颇为酷热的夏末白天，到镇上出名的那条海滨小道好好走一走。要不是天气太热，来个海边漫步还真不错。我在海边凉亭坐下，和一对中年夫妇聊起来，他俩是从兰开斯特（City of Lancaster）过来一日游的。

"以前，兰开斯特到处都是工作机会，工厂很多。"两人之中的丈夫边说着，边啃着手里急速融化的蛋卷冰淇淋。

"那里比黑潭大多了……有很多铁路工人……但他们都去

兰开斯特……很年轻的时候就去那边工作，不会有什么问题。如果在工厂里好好工作，就不会有问题。如果轮四班制……一定找得到人肯做。那时候才没什么就业问题。”

其实，西北部还有一些需要技术的工作。2016年，制造业在西北部仍然提供了超过八分之一的工作机会。[32]不过，在黑潭这样的小镇，很多人都只能找到不稳定的工作，或者去就业服务中心报到，面对雪花般的表格文件、官僚的恶意相向和自动播放的语音消息，宛若一脚踏入了卡夫卡笔下的超现实世界，游走在官僚体制的噩梦中。

也许，你能找到一份社会照护产业的工作，就像我一样。奈何我无法忍受，不出几个星期，便一心想辞职不干，像我这样想的人倒也很多：有47.8%的照护员入行后，不出一年便走人，我只不过是他们其中的一个罢了。[33]此外，在我决定放弃时，距离入职当天刚满一个月。虽然我已经累积了一些工作时长，但没从公司领到一分钱。我从来没弄懂各种原因，打电话去问了几次，公司每次都只是敷衍——如此这般，所以还没给你工资的诸多说辞。几个月后，那些欠款还是一点影子也没有，黑潭则在香烟、酒精、沙堡与一列列石头商店中，成了一抹朦胧影像，渐渐缩小褪去。

第三部　南威尔士谷地

电话客服

-11-

我对威尔士的印象总与一位名叫连恩的男性密切相连。他是我的继祖父，按亲属关系，我应该这么称呼他。连恩出身于1949年新设的市镇昆布兰（Cwmbran），这座小镇是专为开发南威尔士煤矿区而设的。在威尔士语中，“昆布兰”意为“鸦谷”，“威尔士（Wales）”则源自古英语中的“wealh”，意为“外地人”。外地人连恩说话也带着独特口音，在当年少不更事的我听来，恍若美妙音乐，而且总夹杂着一堆奇特的修饰语和音调变化。他以外地人的身份成为这个家庭的一分子，而我因童年的大半时光都与连恩和祖母共度，耳濡目染之下，倒也有几分像个“外地人”。

在我的人生中，连恩扮演了两个角色：一个是父亲，代替我素未谋面的生父教养我；另一个则是祖父，因为他在我出生前就过世了。在我整个童年时期，连恩好比《欢乐》（*Beano*）杂志和玩到磨损的板球棒，始终存在又令人安心。寒冷的冬日午后，每当我哮喘严重发作，只能裹在层层被子里卧床静养，总是连恩坚持坐在我身旁，朗读《每日镜报》（*Daily Mirror*）的内容给我听。夏日时光，也是连恩带我到萨默赛特（Somerset）乡间，漫步田野风光，还和我说了他人生前60年在南威尔士煤矿场做工的许多故事：他会描述自己怎么和家中的兄弟三人自小挤一张床睡觉，又叙述他年纪稍长之后，如何为了出言抗议煤矿场发生的不公不义，而被骄傲自大的工头动手敲掉头上软帽的故事。

连恩一辈子都支持社会主义，很尊敬1945年担任卫生大臣的安奈林·贝文（Aneurin Bevan），贝文也正是推动英国社会保障制度建立的一号重要人物。连恩从小目睹排队领取失业救济的人是何等绝望，“挣扎”这个词对他而言是亲眼所见的现实，而不是什么夸大的高谈阔论，也不是等到银行存款水涨船高、生活无虞之后，大可丢弃一旁的空话。

英国这片土地是女王的国家，旗帜上的联合王国，也是大宪章运动的产物，工会运动的土壤。升斗小民会弓着身子趴到方向盘上，在千篇一律的商用停车场因停车不顺而发火，却也正是这样微不足道的人物，愿意把身上最后一根烟分给你；或者你会遇到某个身材干瘦的退休矿工，邀你上他家喝杯浓茶，畅谈过去的美好。

工人在英国的地位起落，就像购物目录上的廉价商品来去无常。有时，社会上会突然涌出一股对“穷人”的宽容善意，认为穷人是一群圣洁之人——这只不过是将他们当作舞台布景，好让传统守旧人士心里好过一些——实际上，工人阶级对英国经济发展的贡献向来都遭到大幅低估，就连那些假装好心站出来替蓝领阶级发声的人，也未能道出工人的实际贡献。

我便在秋雨水痕一道道淌在车窗玻璃之际，抵达威尔士。一进斯旺西（Swansea），熟悉的景象便映入眼帘：有座体积巨大、外墙漆着灰色与黄色的亚马逊仓库，坐落在“亚马逊道”（Ffordd Amazon）上。这条路是威尔士政府拨款490万英镑，专为亚马逊开设的。Ffordd是威尔士语中的“路”或“道”，之所以用这种文绉绉的说法，大约是想展现亚马逊的文化敏感度吧。由此可见，如今资本主义也善用各种文化特色来包装自己，只不过赢者全拿（Winner-takes-all）的本质仍旧不变。此"道"的建设经费，来自补贴建造亚马逊仓库的"区域重点支持"补助款，共有880万英镑，意在鼓励亚马逊来此设厂，铺设马路的款项则是其中最大一笔拨款。[1]

这条路完工后，当年亚马逊在英国的总销售额达34亿镑，却只缴了240万镑的税——还不及总收益的0.1%。如同在鲁吉利的地位，亚马逊简直是当地人好不容易盼来的，自然受到热烈欢迎。威尔士官方对其特别礼遇，好推动区域再生计划，志在将昔日工业区改头换面。毕竟产业供应链另一端，贩卖与消费形态亦有所改变，郊区停车便利的大型零售商场正在扼杀英国各地的市镇商业区荣景，闹市区街道更显萧条，的确需要一些刺激来振奋地方经济。对比撒切尔全力以赴对付工人阶级，布莱尔政府的应对方式状似空洞无力，不仅不打算收服失控的资本主义，反而想方设法安抚那些流血流汗推动经济的人，却只提供一剂名为消费主义的缓解药方。对个人来说，如果工作上发生问题，或许很难诉诸民主方式解决。但你可以放下烦恼上街散心，顺便给家里买套三件式沙发，一台大尺寸电视，手头紧也没关系，分期付款就搞定了——或者，像一位威尔士青年对我说的，你大可"靠手游熊猫泡泡（Panda Pop）里的奖赏过梦幻香槟色的生活"。

清晨时分，整个世界还在酣睡中。我驾着福斯老爷车沿着弯曲道路蜿蜒前进，驶进低谷地区。青绿色的丛生蕨类与几处房屋间，隐约可见钢铁与煤炭的昔日工业荣景遗迹。锅炉产出的炉渣堆早已清除，但附近的地貌还偶见几座废弃采矿设备点缀。尽管威尔士最后一座矿坑已在2008年永久关闭，但矿场遗迹仍留。矿工踩着靴子走过沙砾的声响，也不复存在。可只要闭上眼睛，眼前仍会浮现出一群群男人于大风天走在街上，话声飘过一幢幢灰泥粉刷的屋舍。天空下的房屋好像一个个灰色的肮脏牛奶盒，仍旧镶在长满树木的半山腰上。身在这幅景象中，仿佛还能听见钢头靴咔哒踩过柏油路面的声音，闻到蒸汽火车驶过的油烟味，感觉到厂房设备运转引起的震动。

过去有许多美好，可是，一味美化过去也有风险，不仅可能在政治上招致负面影响，对于个人生活也有坏处。一处地方或某种运动的辉煌过往，或许就会使人踌躇不前，仿佛童年某些挥之不去的回忆将整个人吞没。溢美之情如狂潮涌来，温暖又令人心安，由此取信于人，最终将人淹没。直到连现实都向过去屈服，不敌某种幻想中的失乐园，于是眼中只有当年的美，再没有当下的好。不论当前或未来问题的所有解答，都将在挖掘过去荣光并沉溺其中后寻得。

我抵达威尔士那天，花了不少力气在布伦米尔（Brynmill）找房子，万幸运气还不错。布伦米尔在斯旺西市中心西边约两英里处，聚集了许多学生租客，我租到一个租金稍贵的房间——每周100英镑，含其他账单费用——但是既然急需安顿之处，花费就只是次要考虑。之前，我到当地一家汽车保险公司“上将”面试，工作内容是在客服中心替客户更新保单内容。如果要得到这份工作，就得立刻找到住处才行，因为公司急着要居住当地的“地址证明”。尽管我从前做过的任何“专业”工作都未曾要求这类证明，但在上将保险——还有亚马逊和英国照护——都必须立刻提交这些文件。我只好尽快交押金（花的钱比预期多），也得催银行快点发下有字天书般的存款证明，好带着新的住所地址向公司交差。

布伦米尔处处都是连排房屋，白色粉刷的外墙有些脏污，但还算得上是富庶的郊区。住在此地，朝八晚五到客服中心上班，很快就会发觉大学城的学生和居民，其生活方式与一般都市大有不同。平日晚上，有些学生公寓传出派对喧哗声，直至深夜方休。街上开了一些装潢简单的工人小吃店，专卖油腻餐点；隔壁是有机咖啡店，售有切片蛋糕，一片两英镑——同一条路往下走一小段，差不多的钱则够人吃一份全套英式早餐。在一家陈设简陋的咖啡馆，三名高谈阔论的学生吵吵嚷嚷走进门，跟店家点了些外带的油腻早餐卷。他们一面等着餐点，一面悄声嘲笑店里"可笑的"工人风格布置，没让老板听见。

尽管近来学费调涨，大学生仍是个令人称羡的身份。上大学的机会，基本上多半仍在经济较宽裕的阶级手中。相较于财富水平前1/5的群体，底层1/5的人口中，上大学的机会减少约40%。[2]相较于家境富裕的同侪，出身背景较清贫的学生更有可能中途辍学，也比较难以维持优异的成绩。[3]当然，当今许多大学毕业生，不论是要买房或还清就学期间背下的债务，都不是件容易的事。要不是听过各种倒霉鬼的故事，你我大概都还以为大学生前途一片光明，至少总比那些在小镇做恶劣工作、含辛茹苦过日子的人好些。

我在诺丁汉上大学，起初也对诺丁汉有过错误的想象，直到某天开始打工才改变看法。我当起“皇家邮政”的邮差，到布罗克斯托（Broxtowe）和格雷戈大道（Gregory Boulevard）等贫困地区送信。在那一带，家家户户都有高利贷问题。我通常上午十点左右出现，刚好跟在凶神恶煞的讨债人后面上门，也难怪应门的人无不脾气火爆。有些人大白天就灌酒，隔着一排残破篱笆招呼你，满心期待地问今天有没有“带救济金支票过来”。某个星期六清晨，我到艾斯比力（Aspley）送信，看着这一带面朝环状马路的房屋，对比星期六晚上常去小酌的学生会大楼，可真是天差地别。

有些人不愿离乡背井上大学，有些人则早早生养子女，或者为了照顾家里的长辈等原因而留在家乡，若想上大学，也就近为先。不过，能上名校总是一种奢侈。名校和普通学校之间的差距就是一道鸿沟，是英国阶级制度在当代的伪装。背景比较有优势的孩子，比别人更有可能上顶尖大学，穷人家的小孩就算继续升学，往往也只能上次一等的大学，或者去所谓的“多元技术学院”。纵然我们不断批评阶级造成的差别区隔现象，实际上却默许这样的情况继续发生。要说的话，所谓二流“大学”，只不过是政治精英为推行精英教育所做出的妥协罢了——高等教育普及不过是种乌托邦式的念头，幻想着人人平等，生命中遇到的机会多寡，和双亲的成就毫无关系。

-12-

进入上将保险工作后，我在公司里碰到不少有大学文凭的同事，但大多是技术学院毕业生。2015年，“特许人事发展协会”（Chartered Institute for Personneland Development）发布的一份报告指出，英国有超过半数的大学毕业生从事无须大学学历的工作。[4]的确，近几十年，英国经济创造出许多低技术需求工作，其增加速度也远超高技术需求工作增加的速度。1996—2008年，英国每10个消失的中等技术需求工作中，就有4.5个是被更高技术需求的工作所取代，另外5.5个则由更低技术需求的工作所取代。[5]因此，许多大学生本该前景看好，却在背着一身债务初出茅庐时赫然发现“往上爬”的梯子早被踢开，顶端位置早已挤满名校毕业生。

英国目前发展经济的策略，似乎打算把年轻人通通送进大学，至于搭不上顺风车的人，就给他们学徒制和技艺训练，将来学以致用。政治人物对于国家创造就业机会的能力早无信心可言，也就疏于关照，于是我们看到成千上万的大学生负债累累，郁郁寡欢地操作生产联网设备，或者用相同的话术应付客户投诉。

可想而知，媒体往往会奚落这些失意的大学毕业生，说他们“眼高手低”、不切实际。几年前，身价百万英镑的名厨奥利佛，也曾批评英国年轻人居然还敢对（一般人眼中没前途的）工作挑三拣四。比起积极向上的东欧同龄人，奥利佛认为英国青年根本“还在喝奶”。然而，我在埃布维尔（Ebbw Vale）认识的一个年轻劳工却说：“都拿到学位了，谁会想在客服中心上班？”应该不会，而且那些整天嚷着工作好累好辛苦的名人和评论人士，八成都不会送自己的孩子进客服中心虚度光阴，想必也不会让他们到什么肯特郡沼泽地带去耙土拔菜。

我在威尔士找到的这份工作，职称是“续保顾问”。如果客户找到保费比本公司便宜的其他汽车保险，我可以决定是否说服对方继续选择上将。整个英国境内，大约有5 000座客服中心，共雇用约100万人。[6]公司本身则是人称求职的“好选择”。起码，好好看一眼《周日泰晤士报》每年公布的“最佳任职企业”调查结果，就能看到上将保险入榜。2001—2013年，上将蝉联榜首，直到2014年降至第二名，始终名列前茅。

平心而论，公司倒是花了不少力气营造出一个正向乐观、（我认为）还算有趣的工作环境（但有时太注重程序细节，有点走火入魔之感）。上将保险的玻璃帷幕大楼位于陶威河边，一踏入大楼，迎面便袭来一股正向能量与刻意搞怪的味道。“公司会尽己所能，让大家都过得轻松一点。热爱自己所做的事情，就能做得更好。”上班第一天，有个培训人员如是说，大家听后纷纷平静地点头附和。企业总爱鼓吹进步主义，以政治家煽动年轻而激进学生的方式潜移默化地强加给员工。

11月初，我入职上将保险，按规定应在圣诞节前收到两份薪水。后来，公司通知要以月薪制替代周薪制，我不免一阵紧张。只有基本工资待遇的工作，这种发放工资的方式算是不太寻常。当然，周薪制和月薪制各有利弊。

大多数账单每月一付，若以月收入为基准，扣除房租和暖气费用等支出，的确比较容易计算收支。可是，如果习惯以日为单位安排生活预算，那么每七天就能领到一笔薪水，在燃气或电费仍采取预付方式的情况下更方便分配。预付这些费用后手头吃紧，只有每周都能领薪水生活费用才有着落，许多低收入家庭就是这样过日子的。不过，领月薪最困扰的一点，还是首次发薪日之前的过渡期。在这段时间，上一份工作存下的钱或求职津贴差不多已经见底，却不得不多忍耐几天才有钱可用。等上一周就足以让情况变糟，如果要等上一整月，负担实在是重得难以忍受，也正好让投机分子有机可乘，对这些永远无法脱贫的猎物下手。

由于就业服务中心提供的津贴只发放到求职成功为止，从获得工作到真正领取薪资之间，总有一段过渡期。这时只能先"赊账"，靠借款来维持基本生活尊严。此类问题的存在恰好助长了发薪日贷款（Payday Loan）业发展，其吸血寄生的模式，与从前的高利贷业者没什么两样——尾随穷人、看准目标，派讨债的人前去威逼要挟，榨干客户身上最后一点余钱，发薪日贷款活脱脱就是高利贷的当代化身。

我和本地一户姓摩根斯的人家聊了聊。摩根斯一家是典型的低收入户：摩根斯先生以前是矿工，经年累月吸入煤灰后，得了硅肺病，曾因此领到一笔赔偿金。如今他大部分时间都待在正方形的客厅里，坐在角落靠近瓦斯火炉的一张简陋扶手椅上，整天低着头，话也难得说几句。摩根斯太太则在镇上的商店兼差。夫妇俩育有一子，40岁出头，正在待业中，偶尔会帮一个专打零工朋友的忙，赚点现金补贴家用。

最近，摩根斯一家的旧电视故障了，小摩根斯便向租购业者*（Rent-to-own Company）买了部新电视。许多人由于负债较多、信用不佳，无法再向银行贷款购买高价家具家电，租购业者便看准市场，以高价贩卖沙发、电视和音响给这类顾客。2016年，有超过40万户家庭曾向租购业者购物，比2008年增长了131%。[7]实际上，许多人用租购的方式购物后，往往又发觉不对，等回过神来已经扛下高额利息，可能还付了一笔额外保证金，进退维谷，只能继续乖乖付钱。

摩根斯先生几乎成天无事可做，据他太太说就是“看新闻和橄榄球”，因此家里不能没有电视。小摩根斯买回来的新电视市价约150英镑，但通过租购的方式，这家人大概得付上400英镑才能还清欠款。

这个家庭已经充斥着不幸，结果偏偏祸不单行，因为这部新电视有个瑕疵：一打开电源，画面便闪烁不止。摩根斯一家联络了换购公司，对方答应派人来检查，结果等了半天都不见人影。我登门造访的那天傍晚，大家打算一起喝茶，便在这部大电视前坐下，只见BBC晚间新闻的画面不停猛烈闪烁。临走时，我发现自己简直看成了斗鸡眼，而这家人可是要付整整400镑来买这玩意儿。租购企业每周都会提醒他们准时付款，本地分公司的职员定期来电，不断重申其重要性，否则本已过高的利息上还要再加一笔“延迟罚款”。

摩根斯一家的无助，是整个故事最令人心惊之所在，电视机的瑕疵之流不过是小问题，只是恰好说明许多受访者都面临

---

* Rent-to-own，指的是先租后买的一种方式。

困境。不管是遇到少付工资的人力中介也好，被就业服务中心敷衍也罢，或者让租购企业哄得团团转，这些让人筋疲力尽的“小虾米对抗大鲸鱼”戏码不断上演。身为穷人只能接受，当作生活中的一部分，就像商店货架上的面包和牛奶总是存在般稀松平常。

摩根斯太太也忧心忡忡，她更担心房子不够安全。“这屋子里要弄得和监狱一样，因为你不知道来的是谁，所以要确定待在家里足够安全。”她一面费力地走下狭窄楼梯，一面对我说。她带着一箱圣诞节饰品，打算用来布置窗边的塑料圣诞树。“我外甥帮我们立了一道篱笆，从房子最后面围到和隔壁邻居中间的墙，上面铺了铁钉。那可真不赖，我们从没弄过这么好的东西。不过，感谢老天，我倒还没在院子里遇到过什么坏人。从来没有。”

在上将保险上班三周后，我终于领到了第一份薪水，但并非月薪全额。因为我只工作了两周，得等到圣诞节前，才能拿到全部——也就是工作满两个月才能拿到第一个月的全部薪水。如果不和父母或伴侣同住，就没人能借钱应急，实在难以想象要如何撑过这段时间。从十一月初到十二月中旬，只用仅存的现金过日子。

上将保险公司提供员工持股与分红制度，每半年配息一次，让劳工除了领底薪、冲业绩外，还能对积累财富抱有一线期望。“你的工作让公司赚取利润的同时，也会让手上的股票价值大增。”培训人员这么鼓励我们。不过，员工受雇满3年才能分配股息，当然了，很多人根本待不满这么长时间。上将保险每年的平均人员流动率是19%，高于英国全国水平的15%。我猜大多数人，包括那些打定主意要久待的人，终究会更喜欢更高的底薪，而不是办公室常备糖果点心、公司派对和股利分红，况且拿不拿得到配息还是以后的事，结果很难说。后来，曾任职于客服中心的某联合工会代表告诉我，很多公司都“花招百出，尽可能少支付薪水，让员工实际上只能领到最低工资”。

上将保险的客服人员每天早八点上班，下午五点下班，午休的一小时用以吃午餐，工时比许多类似性质的工作要长一个小时。荷兰作家雷夫（Gerard Reve）在小说《黄昏》（*The Evenings*）中，描写了一位经常嘲弄生活的青年艾特何，如何过着过劳伤身的办公室生活：“我在办公室里上班。我从档案里拿出卡片，又放回去，就这样。”我这份工作可以说和艾特何的相去不远：接电话，通电话，挂电话。每天早上六点半起床，冲个澡、换好衣服，吃点麦片当早餐，八点前进公司。又或者是这样：上班第二个星期，我因为迟到被狠狠骂了一顿，两个培训人员把我叫进一旁的小房间，来点所谓的小小警告。讽刺的是，因为怕被骂，反而给我提供了准时进办公室的动力，然后整天坐在同一个地方。这份工作穷极无聊，简直比得上学生时代最讨厌的几门课，但我现在觉得上课比工作更好，至少不必为了别人的盈余利润卖命。

入职培训期间，每天都需要坐在教室的同一个座位上整整七个小时，面前摆着电脑。公司教我们怎么使用客户数据库，发各种应对客户的台本让我们背熟，也解释各种卖保险的相关法规细节。最初，他们会带我们进客服中心，先听别人怎么应对来电；然后过了几星期，改为两人一组练习；最后阶段，才让我们实地演练，真正接触客户。

上将保险的客服中心又大又嘈杂，有几百张以轻隔板分隔的座位，白板也很多，一眼望去，像是道路标准一样随处可见。每个位子都有应对台本贴在隔板上，也带着座位主人的个人特色，比如孩子或配偶的照片。整个办公室点缀了许多甜美可爱的花边装饰，是通常只会出现在花园中央的那些玩意儿，要不然就属于圣诞节才会去的“怪异”纪念品商店。

“保持冷静，喝点气泡酒”“梦想它、实践它、爱上它”“爱即所需”等不加思考的励志小语，如同鸡尾酒混搭“正能量”特调，近几年如传染病般风行于世，并不免成为一种缓和剂，直攻大脑能够免除苦痛的某部分。

的确，把“人生就是坨屎，不如喝醉更快活”（Life is crap so get drunk）当作座右铭倒也无妨。但如果生活上受制于人，别人决定放多少钱进你的口袋，喝不喝得起酒还要看他人脸色，抱着这种生活态度可不是什么好事。上文的标语不过是以解放之名让人放弃思考，用温馨的方式带你退回宿命论的小岛上，让人忘记现在其实更需要和世界紧密联结，才能找到真正的出路。

在客服中心，公司也会激励员工卖力投入，只不过方式是通过公司主导的“趣味游戏”和“主题日”来进行。每次活动时，还鼓励员工穿奇装异服进办公室。比如，某个星期五下午，公司宣布今天剩下的时间要举行“趣味活动”，客服中心所有人都要参加。我们每五个或六个人一组，上场表演五分钟短剧。

其余的人一边站着围观，一边唱着古怪的歌曲伴奏（与其说是歌，还不如说是催眠咒）。短剧主题都和公司有关，主管会下发剧本，照着演就行了。就算“趣味活动”让我们有机会离开办公桌，我也不想把这称作愉快的经验。况且，那些歌曲还有几分神似独裁国家颂扬暴君的调子。

幸好不止我厌烦这场闹剧——事实上，在需要耗费两个小时的活动中，大多数同事间都表现消极，只等着一切结束，我并不孤单。整场活动呈现出十分特定的“参与”形式，没有太多自由发挥空间。不论是有意推行还是无心为之，都仿佛企图掩盖真相，让我们忘记自己其实根本没有机会参与公司经营决策的现实。

客服中心的主管很有一手，懂得如何有效说服员工接受他们的看法，尽管公司不断压榨员工，大家还是吃这一套。在这里，人人都有机会靠业绩分到丰厚奖金，这机会便成为眼前吊人胃口的胡萝卜，也成为认真推销保单的诱因。可超出底薪的部分能赚多少，预期数额向来起伏不定，全看电话另一端的客户是谁。“有个男的让我一个月赚进1 400镑。”培训期间，我被指定去听一个年轻同事和客户的通话，他这样说。不过，我想大多数人工作顺利的时候，每个月在底薪上大概只能多赚200~400镑左右。另外，据公司所说，个别员工每年可得的“平均奖金”是3 000英镑，算起来就是每月得到额外的税前收入250镑。所谓“表现好”，指的则是留住打来电话的客户，说服他们别退掉保单。每一区的员工都归入同一个“团队”，个别团队之间处于竞争关系，比赛谁能留住最多客户。

所有机制简单明了，却仍让人心里不安，感觉要是达不到目标，那个外表欢乐的面具就会脱落，露出底下资本主义的冷硬心肠。培训人员还提醒我们，时时刻刻都有“老大哥的眼睛”牢牢盯着：“楼下有三架摄影机。”[8]他不怀好意地故作沉思状，以手示意一楼的方向。

这份工作最糟的一点——也是相同性质工作的最大缺点——就是无聊，如假包换的沉闷。早八点到晚五点，你需要坐在同一张旋转椅上不停地接电话，应付对保费不满的客户（这部分还在意料之中）。不论时间长短，就算是最心平气和的人，面对这份工作也会变得尖酸刻薄又厌世。员工只能带着微薄的薪水回家，心情难免苦闷，所以就靠公司提供的甜食、巧克力和各种福利抚慰心灵——健身房优惠、员工持股分红，年底还有跨年派对免费提供酒吧服务，同时请来B咖艺人表演，振奋大伙儿的精神。只不过，这些东西都不能替我们付房租。至于三年后可能会分到的持股配息，金额多寡也要看股票本身的价值，光凭我绵薄之力，实在影响有限。

另外，这些同事对任何政治议题也不屑一顾。“政府就爱加税，都不知道他们用税收做了点什么，”第一周上班时，我便听到有同事这样说，“我不想争论，因为不值得。”后来，他又耸耸肩说了这话。政治事务与我们这种人毫无关系，交给他人负责就好，那是另一个世界。

另一名同事则问，现在的首相是不是“那个女议员”。如果你主动关心国家事务，其他人还会把你当成怪人。政治只是会影响你的东西，不该是你真正的兴趣。政策决定是一部分人做的，你只能把“他们”的争论都当耳旁风——政治人物、国税局、房东、晚间六点的新闻男女主播、寄电话费账单给你的公司，还有那些总是出现在地方议会和小区守望相助队的家伙——都与你无关。政治人物是为了自身利益才关心政治，如果他们不为私利反而更糟，因为这代表他们或许是某种政治狂热分子。上将保险如此尽心尽力地把工作变得有趣，正是要让公司看起来和员工站在同一战线，“我们”同甘共苦，不是“他们”那些自私自利的人。

-13-

现今，高薪专业工作正受自动化潮流威胁，媒体开始讨论所谓的“后工作”（Post-Work）世界。但英国某些地方，早就有几分酷似“后工作”世界。没错，时谷区*看起来还真像是自动化的未来世界——处处都没有工作机会。如果实现自动化就能有更多的钱进入大家口袋自然不错，但要说有钱就能解决就业机会流失后产生的大量问题，这里可没几个人会相信。旅程中，我认识了一位72岁的“闪电”先生[9]，他前后曾在四家国营矿场与18处私营矿坑工作了四十多年。闪电先生身材矮小结实，生得一张和善的面孔，灰白八字胡和紧闭的双唇上挂着两道深邃的法令纹。他将头发理短，双眼透出聪慧又锐利的目光，眼珠颜色和发色相同。闪电先生的双手带着矿工常见的印记——煤

---

* 即威尔士低谷地区。

灰长期渗进皮肤中的蓝色疤痕，像是待在海滩一整天沙子镶在皮肤上的样子。闪电先生第一次进地下挖矿时，刚年满15岁。

我们都想去……是自愿到地下挖矿，还有巴士会来接我们。只要上车，就能到矿坑工作赚钱。

当年，初入地底挖矿会有年长的矿工带领——也可以叫“监工”。监工会训练你，避免你带第一份薪水回家给母亲前就丢掉自己。刚开始，和闪电共事过的一些监工是退伍军人，“二战”期间曾被软禁于缅甸丛林中。在坑口的洗澡间冲洗时，还能看见他们背上红色的疤痕，正是当年被日军挥刀砍伤所留下的。

这里很适合“二战”英雄。因为他们进坑道工作跟遭抢劫没区别，当然是政府抢的，每次都是政府。

我在“南威尔士矿工博物馆”初见闪电时，他正坐在迂回弯曲的马路与阿凡谷的陡坡之间，这个山谷的每座山丘都被松木、橡树和美国西川云杉所环绕。博物馆设有一家光线明亮的访客咖啡馆，我们便在此比邻而坐，喝茶聊天。

我来这里，是因为喜欢以前的日子。我认识很多进矿坑工作过的小伙子——好吧，这些朋友大部分都死了，有些还在的还会喝酒，其中也有一两个人整天躲在家里，没机会碰到他们。他们连澡都不洗，什么都不做，太太也都死了，只剩自己一个人。

我们窝在柔软的椅子里，同时一旁年轻的女服务生忙进忙出，收拾空杯又清理桌面。闪电身穿一件苔绿色针织衫，倾身向前，从回忆中挖掘出片段信息，再以轻柔的喉音娓娓道来。他本名是艾伦·普莱斯，年少时得到绰号，从此大家都叫他闪电。

此前，我在布莱纳文（Blaenavon）的“大矿坑国家煤矿业博物馆”（Big Pit National Coal Museum）参观过地下坑道。一行有五个人，从300英尺深的竖井往下走进漆黑又渗水的巨大洞穴，重温昔日矿工的日常通勤方式。关掉安全帽上的灯，便感觉完全陷入黑暗之中，连面前自己伸出的两根手指头都看不见，呼吸起来还有股近乎窒息的感觉。当然，下到已经保存为资产的老矿坑悠闲参观算不了什么，以前的矿工可是得大半夜拖着身子，乘坐肮脏的起降机进入坑道采煤，供给地面上的人夜晚能够生火安睡。比起当年的采矿辛劳，我们这一趟体验比较像参观主题游乐园——只不过是认真参观，还算有意义，不仅仅是开心地体验一下。

我1959年开始挖矿，那时坑道有800码*深……下去的时候都是22公尺每秒（即米/秒）的速度，就这样往下掉……“咻”的……我五脏六腑都翻上来了。

闪电先生淘气地露齿而笑，叙述他第一天到地底下时是如

* 800码约为732米。

何神经崩溃的。那天，他戴了顶尺寸不合适的安全帽，腰间紧紧系上一条腰带，三明治则塞进锡制餐盒免得招虫。等同行的一人打出信号，升降机便迅速下降，冲进满是霉味和恶臭的漆黑矿坑之中。

> 那时我们很兴奋，反倒不怎么怕。我想，那或许只是虚张声势……我们一直往下，看着对方，不知道接下来会怎样，也不知道升降机会不会掉下去，或者要用跳伞降落。

抵达矿工平常干活的地方，也就是所谓的“一英里深，一英里半深，两英里深”（A mile, mile and a half, two miles），沿着一条漆黑又狭窄的坑道通往矿层所在地，矿工就在此埋头苦干。工作中不免有岩块坠落，或者头顶上有突出的吓人金属架，为避免受伤，他们不时地弯腰闪避。切割煤炭的机器上，尖牙状的齿轮暴力地将山腰土石撕扯下来，刨落黑色的岩石碎片，激起阵阵污浊又闪动着光彩的尘土云雾，足可侵入你全身的毛孔。矿工下班回家时，往往一张脸已熏得焦黑，满肺脏东西，妻子们总怒气冲冲地想清除丈夫带进家门的粒粒尘土脏污，可这是徒劳无功的。灰尘粒子进入矿工的气管，淤塞在胸口，仿佛河川里形成的一片三角洲。身体免疫系统察觉到异物入侵后会自发地排异，即引起肺部炎症，造成肺部纤维化。久而久之，人便病倒了，连气都喘不过来。在闪电结束地底采矿生涯后，他已经丧失了30%的肺部功能；到2014年，仅剩30%的肺仍属健康。

这东西就这么牢牢地黏在你的肺上，一直都在，越长越大……

我已经叮嘱他们一定要火葬我，到时候我可以烧一整天。现在一吨重的煤炭应该价值130多英镑吧，好煤就是所谓的“黑金”。或许他们放我在那儿就行，我的遗体应该够烧个三天。

很多故事中的矿工生活都经过了美化，让人产生不切实际的误会。现实中，很少有矿工希望自己的儿女再到地底下讨生活。以前，他们一天得在底下待12个小时，矿场国营化之前，常常还得根据挖出的煤矿产量来计算工资。19世纪，矿工在“换物商店”（Truck Shops）换取物资，这些商店往往也是矿场老板经营的，商品标价比起地方市场上自然高上不少。

除了物质生活，死亡的阴影也总徘徊在地下坑道与矿井中。我在亚马逊仓库或是在黑潭照顾老人时，因职业灾害死亡的可能性微乎其微。相比之下，矿坑里意外频传，经常死人。

我在鲁吉利时，一位退休矿工告诉我，当地附近的一个矿坑曾在18个月内先后发生两次意外，先是一名男子被拽进滚轮输送机，后来又有另一名男子被脱轨的货车撞上，两人最终都小命不保。英国矿业史上，最惨烈的矿灾则当属1913年森格尼德（Senghenydd）矿场的意外爆炸，共439名男性丧生，但是当地近乎灭村。那场意外正是典型的私有煤矿经营者过失——矿工替经营者采矿挣钱，经营者却罔顾他们的安全，疏于防备，最终酿下大祸。

早在该意外发生的12年前，森格尼德矿场便发过生因空气中煤灰逸散而导致的爆炸事件，造成82人丧生，但是却从来没有人提议对事故原因进行调查。1913年爆炸事件后，矿场经理被追究了过失责任，其处罚为罚款24英镑——相当于现在的2 500英镑。换句话说，在当时的英国执政者眼中，每位丧生矿工的性命，价值5.5便士。[10]

> 地上有很多洞，我走进去过，里面的老鼠都吃力地想爬出来，你可以想象……地下很缺氧，就带着黑色的氧气袋，用这呼吸。

我采访过的大多数矿工都说，这样的环境在私营矿坑更常见，就算经过国营化，私营业主依旧盆满钵满。我在布莱纳文参观矿坑时，认识了一位退休矿工罗恩。根据罗恩的说法，20世纪90年代，他工作的那座私营矿场经理还会在地下抽烟，根本不管身边全是会爆炸的有毒气体。

> 我在国家煤矿局（National Coal Board）工作的时候，每个月稽查员都会来一次，如果他觉得有问题，会说："我给你们一周时间整改，如果下星期来时还看到一样的状况，就让你们关门。"所以那里一切都跟得上最新法规，你明白吧？我在私人矿坑工作过两年，稽查员总共才来过两次。

然而国家煤矿局也可能像私人业主一样，搞砸问题或应对无能：1966年，阿伯凡（Aberfan）发生了严重的死伤事件，起因正是国家煤矿局的严重疏失。因未能移除堆满危险物质的煤渣山，造成36万吨黑泥浆倾泻而下，冲进山下的一座农场、多户屋舍与当地中学，活埋了116名孩童与28名成人。

惨剧发生后，国家煤矿局仍拒绝将煤渣山清除干净，最终在阿伯凡当地居民的施压下，威尔士政府才决定清理，费用则从灾难复原基金划拨。

1990年2月2日，闪电在艾凡谷一处小矿坑“凯芬·毛尔2号”（Cefn Mawr No.2）和另外三人一起工作，到场就开始干活。时至中午，他们已经填满了13“卓拇”（Dram）的矿，卓拇指的是把煤运送到矿坑外的推车。中途，他们回到地面上喝茶休息20分钟后再回去继续工作。喝完茶，两人返回之前的采矿地点，闪电则和另一名矿工泰瑞同行，负责去新的开采点凿出矿层表面的新区块。

“然后，‘呼’的一声，我感觉背后有股空气吹过来。”闪电说：“上面塌下来了……我听见有人喊‘闪电，闪电，闪电啊’。”

闪电和泰瑞便爬进一个洞里，找到他们的一名伙伴戴维，他正痛得大叫。有块大石头从坑道顶部砸落，划破了戴维的皮肤，又不偏不倚地砸到雷蒙身上。

“他的头刚好露出来，身体其他部分全压在石块下面。所以我叫这个年轻人弄一段铁轨来，这样我就能把石头撬起来，把他拉出来。”

可是，那块石头实在太重了。

“顶部开始塌陷，我只好弯腰挡在他身上掩护他……可他最后还是死了。”

这是艾凡谷的最后一座矿坑，雷蒙则是最后一名在此丧生的矿工。之后，闪电还得去见雷蒙心急如焚的母亲，告知她噩耗。“他是独子……她年纪也大了……太伤心了，不是吗？”

隔天早上，闪电在矿坑入口处安置了一块纪念板。每年一到雷蒙的忌日，他便重访事故地点，并带上一束鲜花致意。后来，闪电到矿工博物馆当义工，也带来了那块纪念板，如今有游客参观，便会给他们展示。

不过，好景不长，煤炭的黄金时代渐渐远去。其一，自石油和天然气等更便宜的能源兴起后，煤矿业便走向衰落，从此荣景不再；其二，国内铁路能源需求从蒸汽转向了柴油与电力，中央空调系统也发展出现代化设计，对煤炭的需求亦日渐萎缩；其三，英国开始从工会力量较弱的国家进口煤炭，这些国家往往不介意使用童工到地下挖矿，经营者更是仅支付给他们微薄工资，进口煤炭的成本更低，英国自产的煤炭自然处于竞争劣势。

“哥伦比亚矿灾的时候，还拖出不少九岁童工的尸体呢。”我向闪电请教煤矿产业的灾害伤亡人数，他便淡淡地说了这话。

煤矿业劳动力虽然在20世纪80年代大幅缩减，政府官员仍非常清楚，煤矿业所提供的大部分工作机会集中在十多个地区，若骤然关闭所有矿坑，恐将危及地方社群存亡。因此，矿坑歇业潮一方面引起了大规模失业潮，另一方面也被撒切尔政府视为削弱工会力量的手段，尤其是作为报复“英国矿工工会”（Miners’Federation of Great Britain）的利器。因为该组织在政治上颇有影响力，间接导致前任保守党政府下台，保守党重新执政后，自然将其列为打击目标。

之后，在1984—1985年的矿工罢工行动中，英国媒体集体批判矿工。

矿工在媒体中的形象一夕骤变，从“这世上的一等人，能击退威廉二世（Kaiser）和希特勒的军队，还具备永不服输的气魄”[11]，成了“毫无人性的家伙”[12]。

> 我当时在阿伯拉文（Aberavon）……我们和一个警察聊天，过程中双方都蛮友好的，我心想“这人还不错”。过了一个小时，我又看到他正在打一个纠察队员，狠狠地打，对方整个人倒在地上照样棍棒伺候。之后我再也不相信警方，上一分钟还跟我们有说有笑，下一分钟就把一个小伙子打翻在地。

据闪电所说，南威尔士的矿工原本投票决议继续工作，但参与罢工的肯特矿工捐款资助，并说服南威尔士人加入罢工。

> 有个星期一早上，我到矿场去，看到有些肯特来的年轻人站在罢工纠察线那里。我们像这样看看彼此，然后他们有个人，就这样，不会跨过那条线……我们决定支持他们。我们不会跨过那条线，我们要罢工。

不久，闪电便发现自己参与了“前所未见的惊人罢工行动”，至少当地报纸是这样形容的。他和100名男性同伴爬上了塔尔伯特港（Port Talbot）一座高达300英尺的起重机，阻止30万吨美国煤炭卸货，阻止本地炼钢厂继续生产，削弱罢工影响。[13]

> 我开了辆货车载一些人过去，我们总共有101个人。等对方开始卸货，我们就朝起重机跑过去，所有炼钢厂的工人都逃走了。我们开始往上爬，还在三座起重机的脚架上绑上铁丝网，就是搞突击。

当时，登高俯瞰的闪电可看见警方直升机就在脚下飞行。后来，英国矿工工会介入协商，终于把他和其他同伴劝了下来。他被带到单人牢房监禁起来，吃着热腾腾的饭菜等警方召唤讯问。他们后来都到斯旺西法院出庭受审，成为史上最多人参与的单一违法行为当事人。

法官后来判处闪电和其他人缓刑，不过闪电仍不放心。

> 我当时担心丢掉工作。已经做了30年矿工，如果现在被辞退，他们就不会付我遣散费……幸好没怎么样……我们有拿到遣散费，之后谁管他。有些人口袋里还一次性有了3 000英镑，因为我们都是老员工了，遣散费也多。但你也知道，我还是更想有个工作。

罢工结束后，闪电觉得自己受够了。他知道，时代变了，工人阶级的身份意义也开始改变。

> 我等不及要走人了。我知道矿场快关了，一切都不同

了。直至那时，还有老板以为煤炭是白色的。他们和我们讲话的方式也不一样，我还以为他们是外星人。我把那年叫作"下流人的一年"，他们都是下流的家伙，跟老一辈的经理不一样。老经理会跟我们一起说说笑笑，跟我们说"好了，小伙子"之类的，很多往事……以前我们能够说笑，有尊严，两边的人都有，懂吧？

闪电说，他一向尽力用愉快的态度面对工作。

那样工作起来就会轻松很多。因为你每天早上都要面对煤矿和大堆煤炭，简直和噩梦一样。那就开心点吧，早点习惯……用这样的态度工作，不然会觉得不值得，只想待在家里不想去上班。我的一天很简单：在推车里填满煤炭，竖好木材，把工作地点弄得安全些。之后，在这儿工作一整天，这就是最好的方式。

深部挖掘（Deep Mining）产业的衰落也许无可避免，但矿业在某些地区可以说是一夜衰败，煤炭市场认定留在当地的人口无法再带来任何潜在利润，便也不愿意推动任何新产业加以替代。

很多年前，我们谷区里只要有不合理的事发生，女人和小孩都会上街抗议、挡住公交车之类的表达诉求，不久之后就能得到一些响应……现在的年轻人跟我们已经不一样了。我14岁的时候还支持共产主义！

闪电告诉我，矿坑关闭的最坏影响是失业问题，与随之而来的毒品和酗酒问题。

“社会问题很多，很多人都病了、很多事都病了，真的很悲哀……我村里所有人都会跟你说，他们知道这样有问题，还是天天都在喝酒……看医生之前也要来个两罐……其实他们都是正经人，有家庭、努力工作……”地底工作的时时刻刻都逼近死亡，或许死神就躲藏在下一个凹处或矿井里，因此矿工关系相当紧密，如同交错编织的铜线，互相扶持。我认识的一位前矿工赛尔文强调，要是有机会，他会“明天就回矿坑工作”，因为“大家都紧密相连，不论什么事都支持彼此”。

新经济创造出的诸多工作都能让人安稳度日——中产阶级假革命才会指望别人（比如我遇见的这些矿工）把孩子送进山下的坑道继续挖矿。不过，现在镇上多数工作确实景况不佳，无法创造过去那种人际关系的联结和支持网络，也缺乏稳定感，家家户户都难以安心生活。

赛尔文说，他外甥本来在附近的工厂上班，最近也失业了。他一直在找工作，“每个月过去，每个月又找”。

有一天，我在外面遇到他，他看起来很兴奋。“我找到工作了，赛尔文！”他这样说，我就问，“是什么？”“在B&Q，一星期工作16小时。”但每次都是早上8~12点。他们会打电话叫他去，“来公司吧，今天来上班四小时”。

最后，闪电告诉我，他依旧每天怀念地下挖矿的生活。

> 同甘共苦的感情，一起哭一起笑，虽然难免有伤心难过的时候，但那时真是好日子。我们兄弟情深，真是让我觉得不可能有比这更好的感情了。或许是因为那时，你不知道是不是转个身，自己就突然死了。所以，你会说我们要把握今天，或者活在当下。我怀恋过去。现在谷区没了这些人，变得更穷了……教育是最重要的，但还得有人拿起铲子来做工……所有人都拿笔，就没人做其他事了。

-14-

经历产业变迁后，在南威尔士，可以说是“昨日铲土，今日客服”。[14]

当今，全英国有超过百万人在电话客服中心任职，威尔士就设有超过200家客服中心，雇用约3万人，为当地经济贡献6亿5000万镑的经济效益。[15]

至于曾让当地社群建立起身份认同的工作则早已式微，至少大多数都已走入历史，几乎只剩威尔士的钢铁产业仍在挣扎求生。不过，不够环保的产业消失后，倒也有一些正面影响：与数十年前相比，谷区如今已洁净许多。市郊的乡村地区从前大概就是这般风貌，只不过后来处处立起不停喷气的烟囱，堆起一座座庞然的脏土丘，好像非得如此才能表彰工业世界的宏伟万能。如今这些景色不再，原野又恢复了往昔面貌。许多吓人又难看的弃土堆早已被移除或整平，河川也恢复了清澈洁净与盎然生机。

除了干净之外，在客服中心工作也比挖矿安全多了。你可以进办公室上班，坐在桌前，切换到麻木的机器人模式，工作一整天然后打道回府。不必再害怕煤矿层随时会倒塌，而面前耸然而立的无聊沉闷，才是你要战胜的困境。

其实，要不是薪资微薄，上将保险倒算是个可以愉快工作的地方。电话客服中心——或现在同业常自称的“客户联络中心”——绝不是什么格子笼牧场，也不符合部分人士贴上的“黑暗罪恶、血汗工厂”标签。这儿有一套精心打造、“开心又有趣”的公司文化，虽然也许令人疲惫生厌，总体而言还不算太糟，我可待过比这更糟的地方。要论这份工作的最大缺点，并非环境恶劣，而是工作本身不稳定，若细看上将保险倾力表现出的慷慨，反倒可以推出这点。

上将保险最稳定的员工福利，已经因员工参与工会活动而被通通撤销。公司有良心，老板是善人，会给员工撒五彩缤纷的糖果饼干，如此施舍小恩小惠的企业早已存在多时，或许和资本主义的历史差不多长。然而，这跟在善良的独裁者统治下生存没什么不同，小恩小惠说不定哪天就被篡位夺权的新独裁者取消。同理，纵然公司现在慷慨提供许多福利，但也许哪天为了提高“生产力”，就会一夕全部收回，毫无保障可言。

不过，我也怀疑有多少人能抗拒诱惑？大概没几个同事会心甘情愿拒绝那些甜点、巧克力和派对活动，愿意撤掉福利换取一点点加薪。当然，工作环境舒适是好事，可如果能自己站起来拒绝这些小福利，就能把立场站稳些。之后，就算公司再想剥夺我们什么，也有力量去抵抗。

比起我在上将保险的经历，肯定有其他客服中心的环境更糟。为了吸引客服公司来威尔士成立分部而不迁至印度之类的海外地点，许多企业便大力宣扬人力的“弹性运用”（比如兼职工、临时工、低薪资）。卡迪夫（Cardiff）因此成为威尔士许多大型客服中心所在地。某天，一位在另一家外包客服中心任职，名叫琼恩的女士告诉我，有时这样的环境也让人颇有压力。

> 硬性业绩要求已经令客服的压力很大了，而工作中还会遇到其他事需要我们完成，我们不得不努力、不得不定目标，这就会成为压力源。很多人会请病假或用其他理由待在家不来上班，只是因为他们受够了，决定辞职走人。

有些客服中心会设置全面监视系统，学者苏·费米（Sue Femie）与大卫·梅特卡夫（David Metcalf）将之比喻为“电子化圆形监狱”（Electronic Panopticon）[16]——圆形监狱透过空间设计，监视被管理者的一举一动，并加以追踪记录（Panopticon也有译为“全景敞视监狱”）。18世纪，哲学家边沁（Jeremy Bentham）最先提出圆形监狱模型，并表示这是全面监控的管理方式。在边沁的预想中，囚犯会认定时时刻刻都有人观察自己，将狱卒的目标内化为自己的想法，行为上渐渐符合管理者的期待，就算没有人时刻盯着他们，也仿佛真的受监视而表现顺从。

团队主管会过来听你怎么接电话，给你的通话内容或通话态度打分，各式各样……如果ACW太高或者接一通电话的时间太长，公司就会惩罚你。

ACW表示“非通话工作”（After-Call Work），即接听来电的过程中与挂电话之后要做的工作，比如记录客户给的细节信息，或记下通话后得出的结果。在某些公司，要是客服人员和客户闲聊太久，或花太多时间记录通话要点，公司都会发出惩处。

我没被惩处过，感谢上帝，但是……还是觉得有压力。有时你难免会跟客户闲聊，如果他们想说，客服人员很难拒绝……你不能打断他们，要听他们说，有时候他们就会讲得比平常还久，你在同一个人身上花费太多时间，公司不喜欢这样。

上将保险存在排名制度，根据员工表现排出高下，再比较留住客户的多寡，清楚标明哪些人表现良好、哪些人表现糟糕。竞争制会让部分员工倍感压力，当然也有些人适应得很好，越战越勇。琼恩说，她有些年轻同事，特别是男同事，会为了业绩排名而拼个你死我活，倒替公司增加了不少营业收入。

公司想方设法地刺激员工，尽管人人能力非凡的未来世界尚未到来，但在不远的将来，科技或许虽然还未克服人类局限，雇主却已经能全天候监控员工，记录心理状态、睡眠规律与工作中的交谈内容。有些科技公司正努力建构这种蜂巢式社会，根据个人对国家经济的贡献，或对公司营收数字的功劳，来计算每个人的存在价值。

要论未来，其实未来社会可能更像《精英主义的崛起》（*The Rise of the Meritocracy*）中所述的走向精英领导制，而非某些书中幻想的极权社会。但就现况而言，我在南威尔士还没有观察到精英主义的踪迹。

与想象相比，其实现实生活更为波澜不惊。工作场所中虽有资方监督，其严密程度还不足以妨碍工会活动或劳方的抵抗行为。客服公司的工作大多需要通过电话和客户进行互动，确实为监控管理提供了一些方便，所以真正的难题是将监视管理限于工作场所。只要进入非上班时间，劳工就必须拒绝回复公司的电子邮件和电话，或其他差遣方式，免得让自己沦为呼之即来、挥之即去的工具。现实中，客服中心员工遭遇的问题，通常比所谓的反乌托邦社会情境更无趣。无非是些争取上厕所的时间或者主管霸凌等问题。举例来说，琼恩面临的问题多数是公司拒绝体谅员工所患的慢性病，或者对休息时长有争执。“我贫血，还有糖尿病……公司还会取笑我，所以我试过找工会帮忙……你不能在工位上吃东西，午休结束前就要吃完回到座位，有时候确实不可能。”

实际上，在客服中心这样的环境中，推行集体组织最大的障碍在于人际关系冷漠，特别是连工会都不知道是什么的年轻劳工。当今社会比起从前，比如四五十年前，显得更加分化，也更加原子化。在许多人眼中，集体力量的观念好比外星人一样不可理喻，大家都习惯自行处理个人问题，或透过“团队合作”包装的管理模式来解决。同时，也有一些现实问题造成工会日渐萎缩，只剩下一些残余势力，也愈发受到公共部门掣肘。

除此之外，上将保险还另行设置了一个员工层级，这群人拿的薪水比我们稍多，负责以管理阶层的姿态倾听我们的问题。他们总是徘徊在你的四周难以摆脱，像开了瓶盖的果酱旁飞舞的苍蝇一样缠人。不知是谁想到这种一点一滴向下渗透权威的天才之举：一方面，只要有问题，就可以通过此渠道提出，公司里总有人能替你呈报上级，解决难题；但另一方面，团队主管的影响力也变得无所不在，反过来也能给劳方施压，阻碍任何有助于集体团结的活动。

在上将保险，通常会有特定的同事和我们建立紧密联系，这类人往往和主管有着直属报告关系，导致我得比之前更小心，免得暴露身份。他们是你的同事和伙伴，但也不只是同事。其实，你们之间的关系并不平等，也没有什么共同利益可言。

我想，我在上将保险学到了一课：即便工作本身很无聊，雇主也能不花一毛钱就让员工甘愿忍受苦闷。客服工作和我预料的一样无趣，公司却也非常认真地打造出一个欢喜热闹的职场环境，让员工不要心生厌恶。总之，这份工作还算可以忍受，大多数和我聊过的同事就算没有乐在其中，起码也不会有太大压力，但我觉得他们值得拿更高的薪水。不过，即便在上将保险这样的“好”公司，也很难见到工会的影子，这就表示“好”公司哪天要改头换面，摇身一变成为刻薄的“坏”公司，也没有任何力量能够阻挡。原来我们享有的任何美好，都会在一纸临时通知后，一夕被剥夺殆尽，就像孩子被猛然扯掉了奶嘴，只能坐在原地，一脸无助。

-15-

20世纪80年代，去工业化的冲击在南威尔士部分地区留下了严重后果，挫败感已渗入居民骨血中，有如静脉注射的药品。布莱纳格温特（Blaenau Gwent）地区最大的市镇埃伯谷，气氛更是低迷不振。

我对埃伯谷的第一印象是荒凉，虽不像黑潭某些区域那么凄凉——这里不是每个角落都有流浪汉——空气中却也弥漫着一股迟缓停顿的气氛，宛若冬雾盘桓山间，给人一种不祥之感。从前，这些山曾是财富的象征；而如今，12月昏暗的午后山景，似乎只加重了镇民心中挥之不去的阴霾。

“我们这里只有煤矿，你都看到了，以前这儿还有个钢铁厂……穿过M4公路，那边都是几千几百吨的煤，全世界最好的焦煤。”闪电这么说。

这样的盛况早已不复，煤矿业早因市场的剧烈波动而衰败。如同其他众多谷地小镇，埃伯谷也囿于第一产业兴盛繁荣的过往与未知将来之间迟滞的困境中。当地工业没落后，居民健康水平率先走了下坡路。研究报告指出，2013年布莱纳格温特居民约有一万人服用抗抑郁药物，考虑到此地总人口数不足六万，这表示六名成人中即有一人持有Doxepin、Prozac和Trazodone等药物的处方笺。《每日邮报》便质疑地方医师把抗抑郁药物“当糖果一样”，随便就开给民众。[17]该报找到一名（他们看来）坚守职业道德的医生背书，认为民众应该戒掉这些“快乐小药丸”才是正确的。

“很多人继续服用抗抑郁药物是为了逃避工作，”该医生信誓旦旦地向《每日邮报》表示，“他们一点也不想工作。如果不工作就会饿死，那还不至于如此，但是在英国，这种事不会发生。”

换句话说，贫穷等于道德败坏。富人只要有钱赚就工作，穷人却得挨饿才愿意劳动，所以居民整体健康急遽恶化的原因不是产业衰退，而是居民本身品行低劣——可看看前几代人，谷区的第一产业兴旺发展时哪有现在这么多社会问题？其中最大的失业问题的起因是就业机会始终不足。

“实在没什么工作可做。”退休老矿工乔夫表示。他裹着一件绿色开襟毛衣，坐在埃伯谷镇上的一家小咖啡馆前，和我一起抽着烟，冷风中喝热茶，看行人漫步来去。

“我一直住在这儿，以前在矿坑工作，矿坑关了以后就去炼钢厂上班。”乔夫一边吞云吐雾，一边用粗嘎的声音说。

“说到工作，现在这里什么岗位都没有。你去看看威瑟斯本的酒吧，进去看一眼就知道，所有人都泡在里面，闲着没事干。”

初来谷区时，我最想知道的就是谷区如何变成现在这样，不单是近10年或20年的变化，还要追溯从20世纪到现在一路的变化。乔夫描绘的景象在我踏入当地的PMP时得到证实。我对PMP这个人力中介公司已经相当熟悉，他们就是提供劳务派遣员工给亚马逊的其中一家从业者。此处的招工广告也几乎都是最低工资的仓库粗工，或者零工时合约的清洁工作。

“我生长在最好的年代，真的。”我们一面抽烟，乔夫一面对我说，“我的童年比谁过得都好。我这个年纪的人，都会说自己的童年最好，因为那时到处都是工作。你可以从这个工作跳到下一个，绝对没问题。可是后来炼钢厂要撤走，矿坑也跟着要走。离这儿才四英里的昆镇的矿坑也关了。以前工作机会很多，谷区也曾经很繁荣。”

我来访此地前，附近塔尔伯特港的炼钢厂因经营方塔塔钢铁（Tata Steel）宣布变卖计划，正处于未来不定、员工不知何去何从的处境。工厂一关，15 000个工作就会凭空消失：4 000名工厂工人、成千上万的包商，以及整个供应链上不同阶段雇用的工人，通通会失业。[18]

当然，此地仍旧保留着老工业区的残余气息，就像壁炉上面挂的肖像，先人阴森森地盯着你。

不同于矿工作家库姆斯（B. L. Coombes）生活的年代，如今人们背井离乡讨生活，迁移方向却和彼时相反，你得离开谷区，才能找到稳定又收入不错的工作。

“但经济根本没恢复，”我们正聊着这光环尽失的世界时，乔夫的一个年轻朋友插嘴道，“谷区的大部分工作都用零工时合约。你最好先去申请好救济金的文件，这样才能在发现打工赚不到多少钱的时候回去领……要有固定的薪水或者其他稳定收入，才能负担起房租跟其他东西。”

“你拿不到钱的，老弟，他们根本不付钱！”乔夫一面断然反驳，一面起身拖着脚走进咖啡馆，打算买午餐吃。“我请了看护，他早上六点就到我家门口，下次来就是下午五点以后，但他一天还赚不到30镑。他能养家吗？他无可奈何。”

此地商业区的店铺，多是些我以为在小乡镇才会有的，比如一镑商店、当铺、电子游戏厅和投注站，某条街从头走到尾的短短路程便有三家当铺。很难想象，50多公里外就是繁荣的都市布里斯托。我到街上逛了一圈，发现在镇上走动的人，看上去大多超过50岁，后来回到先前那家小咖啡馆买腌牛肉洋葱三明治吃，店里的客人也都差不多是这个岁数。我想，出生在21世纪的埃伯谷大概是种诅咒。这听起来似乎很刺耳，像是在定性那些留在埃伯谷谋生的人，但我决非故意。

吃完三明治，我便来到乔夫强烈推荐的酒吧一探究竟。有位女士听到我跟人聊天，便过来加入，再三强调一定会一直听到别人说：这里没有工作岗位。

“我家孩子都搬走了，都是为了该死的工作。”她口气坚决。

当然，这里还有一些工作机会，像我也克服困难找到了工作。不过，工作也挑人做，比方说客服中心这类要面对客户的工作，有些人便特别难适应，如果不懂得如何应对又自信不足，公司就不可能聘用你，毕竟这些不是能教的东西。有些年轻人受父母影响，成长过程中没有被培养出足够的就业能力，他们的父母如果觉得自己不需要接受教育，当然也不会重视子女的教育。

这些父母总相信自己“随便就能找到工作”，带着这种想法踏入新时代后，却发现再也不能早上走出工厂大门，拿着离职员工专用的P45税表，在下午茶时间前就能找到性质类似的新工作。他们不仅自己未曾改变，还将想法传给下一代，结果孩子长大了，才发现自己身处专业分工的经济形态中，专业资历才是决定一切的关键。

“我猜，还是有很多就业机会的，只是大家都不想工作了。”威瑟斯本酒吧里，邻座的退休老先生跟我聊起来，我一边听，一边啜着健力士啤酒。“那些人都过得很舒服，跟父母住，半个月领一次失业救济金，拿一点钱给妈妈，剩下都是自己的。”我问老先生，他认为应该怎样对待他说的这种人，他便气冲冲地说，应该要求政府停掉他们的社会福利，“把这些该死的家伙赶回去工作”。

“做什么都行，油漆篱笆，什么都行。别让他们老待在家里看电视……我1961年出了学校后一辈子都在工作。我也做过一些糟糕的活儿，那有什么。”

在埃伯谷，不少对话以一套自相矛盾的说辞为主轴开始：有些人先呼吁用严刑峻法对付失业人士，却又说自己“认识的人”费尽了心思也找不到工作。接下来，他们的态度可就完全不一样了，如同当时在鲁吉利酒吧里那个跟我抱怨外籍劳工问题的男子，这类人总有一种不符合现实的恐惧。其实，统计数据可以佐证，失业问题并不会跨世代延续。

“有个星期六，一个小伙子来这里，样子很难过。”邻座的酒客听我解释后，便转为理解的口气，继续说道：“他在一家中介工作……每年这个时候，中介都会裁减（人力）。不然你就去亚马逊……每年只雇3 000人，反正你也知道，他们都有一个固定的人数。到了12月22号，你就该走人了……我女婿在一家清洁公司工作，要满英国跑。他刚工作了三四天，突然就说公司没有工作派给他。他喜欢这份工作，有问题的是公司。”

要想真正了解失业问题——或者称为“未充分就业”——你得亲自出门，找一些到处求职碰壁的人，一些因为工作不稳定而吃苦的人。你得像马克思说的，走出“自由、平等、富足且边沁主义”的舒适王国（或者推特和脸书的同温层）。如果马克思活在今天，大有可能把这类社交媒体也列进去。光看国家统计局每月发布的统计数据，可以说是毫无帮助，因为数字只会告诉你：有位女士一星期当三个小时收银员，辛苦讨生活；或者有位男士在当拣货员，这星期工作了30个小时，下星期只有两个小时。

2008年经济受到重挫后，签下零工时合约并从事不稳定工作的人数已大幅增加，即便政治人物乐观看待就业率，埃伯谷的居民大概也无法感同身受。

如今，大家都认为政治毫无帮助，或许是因为国家扮演的角色逐渐转变，反正绝不是什么“后事实*”（Post-Truth）描述中的理由。“后事实”是近年来突然兴起的新玩意儿，是自由派论者精挑细选的“讨厌鬼”，可以用来解释政治乱象，解释为什么善于煽动和整天吹牛的人能够轻松带偏风向、操纵民意。吹牛专家算是当今少数还愿意站出来针砭时事的人，不过他们提出的手段也往往丑陋、悲观又暴力，未必有益于社会。

政治人物则会对人民许下承诺，答应下次选举时如果是他

---

* “后事实”为牛津字典2016年的年度词，意为“诉诸情感及个人信念，较客观事实更能影响民意”。

上任，一定会不同于当前的执政者，保证一切公开透明，同时打击挡在眼前的所有阻碍，将其一概碾为尘土。假如执政党的政治精英自认能做的不多，那么上述大放厥词的小人便更有机会从中施力。

第四部　伦敦

优步司机

-16-

闹钟声刺破公寓中昏暗的静寂，彷佛有人突然在墓园里放鞭炮。凌晨四点四十分，刺耳闹铃声划过又湿又闷的空气，过了几天，这噪音就会钻进你的潜意识。之后不论身在何处，一听见类似的声响，思绪便会暂时拉回到漆黑的房间和阴郁的街区，然而这里也不过距离伦敦某些繁华地标几街之遥。

闹钟的尖声叫喊渐渐平息后，一道黯淡橘光忽而穿过我与邻床室友的纸板隔间。过了一会，烟味也跟着飘来，飘过临时搭设的墙壁，伴随着一阵咳嗽声和喘气声。可真是如假包换的"异口同声"，来自其中一名病弱的罗马尼亚男子。室外厚重的破晓光景下，远处狗吠声群起，好比管弦乐团节奏部加入第三小节，正是扰乱内心平静之最，使你再也别想安眠。

这间公寓里住了一群怪人。抽烟的是多萝西，一位英国老太太，其他几间房则大多挤满了年轻东欧人。这早，多萝西也被闹钟声吵醒。闹钟是匈牙利人莉莉的，莉莉每天不等天亮便出门到城区的办公大楼区给人扫地、扫厕所。闹钟声停下不久，多萝西便开始嗓音沙哑地喋喋不休，语带哀戚，进行日常抱怨。

有天早上，莉莉一边忙着泡茶，一边问多萝西在抱怨什么，老太太便回答："我真无法解释，要抱怨的事情太多了。"过了一两分钟，多萝西才切入重点，长篇大论地抱怨她本想在寒风直吹的大冷天贪睡片刻再出门，却横遭打扰。

"都是我儿子。我们一直住在一起，最近他跑了。我猜他和别人在一起啦。"我搬进公寓过完第一晚，隔天一早便听到多萝西这么抱怨道。

这位娇小驼背的老太太身上总罩着一件廉价羊毛衫，活像包装简陋的圣诞礼物，看上去80岁左右。她那备受怨恨的儿子有一天突然离开，“把钱都拿走了”，于是她只好搬来这里，从一个蜗居迁到另一个蜗居，身上只剩一点钱过日子。有时房东同情她，便让她免费住宿。多数时间她都坐在公寓里，照顾一只流浪黑猫，我想这只猫大概是这里唯一一位平权主义者，因为它能忍受这位可怜老太太的再三抱怨，从不表示厌烦。

“不是有没有钱吃东西的问题，是有钱才能做自己想做的事……我现在想做什么都没钱。”她悲叹道。

“那时候看到这只可怜的猫，不知道绑在那里多久了，但我觉得这猫还真可爱。”

我听着多萝西说话，在昏暗电灯下仰视天花板，感觉好像身在哪个窄小又阴寒的地窖中，永世隔绝在这百万人都还平静安眠的城市之外。我身后那面墙上用小小的黑字写着“C’est la vie（这就是人生）”，撇号则用心形符号代替，光线闪烁摇晃，正好扫过了这颗心。圣诞节刚过，我便从斯旺西回到伦敦。这个时节的英国首都，给人一种近似魔幻的感觉：酒吧的顾客络绎不绝，圣诞歌曲的乐音从内流泻而出，不时有精心打扮或西装笔挺的人出入，前来狂欢作乐。古老建筑则由自己的灿烂灯光妆点，光影下，兴奋的孩子会硬拉着他们的父母走进商店，挑选希望从圣诞老人那儿得到的礼物。

伦敦东区再也不会挤满大批衣衫褴褛的可怜东区佬，街上也不再“满是新来的各色人种，身材矮小，一副可怜相或醉醺醺的样子"，正如一个世纪前，杰克·伦敦所说。伦敦今日之繁荣，源于大批移民劳工的贡献，他们的声音微小，恍若身处在新一代剥削者的脚下，比起从前震惊旧伦敦中产阶级读者的那些书中人物，可以说是同样人微言轻、处境相仿。从前的画家呈现都市贫民百态时，会像威廉·霍加斯（William Hogarth）一样，将穷人描绘成居住在贫民窟的怪胎，面容身躯都因艰苦的生活条件而弯折扭曲，今日一贫如洗的移民却几乎从其他人眼前消失，根本不见其踪影。从前注意穷人处境的心力，如今转而关注英国工人的怨言，仍未投向罗马尼亚劳工或孟加拉国出租车司机的不满。移民劳工也好，过去处境相同的小人物也罢，他们都未能为自己发声，却也正因无法发声——"说出英国人的心声"——才导致他们的埋怨与倾诉停留在肮脏的起居室或廉价旅社中，传不出墙外。

在我位于伦敦桥的这段故事里，同样也是如此。我晚上睡觉的这座公寓窄如阁楼，位于过去的社会住宅区，附近的房子都是砖造房屋，外墙涂有煤灰，屋龄长久。多年前，此地早已出售，转手多次后跟伦敦市中心与周边地区的房产一样，市场价值一路上涨。目前的房东——我还没见过本人——据说也才刚接手这房子不久。房租一周80英镑，附一张长方形床架，样子很像儿童生日派对上可以看到的那种粉红色威化饼。这张床就安放在四面纸板墙之间，整个空间约长十英尺、宽六英尺，有点像住在鞋盒里。这个鞋盒只不过与其他六个鞋盒排在一起，而且每个盒子里各自装着一个活生生的人。

如今，比起英国其他地区，伦敦的居住条件恶劣得多，由于房价的上涨远超工资调涨速度，即便想逃避私人租赁市场加诸的沉重负担，任何方法也都越来越不可行。2017年，每七名租客中就有一名至少得耗费一半的收入来支付房租[1]。从实际情形来看，高房价现象迫使许多人夜夜都得睡在狭窄斗室，另一个极尽繁荣富有的世界只在几条街外。如果你的工作是当优步司机，或是在办公大楼里当清洁工，那么你晚上很可能就得睡在这种地方。你如果不勉强自己忍耐，住在这种“小雅房”里，很可能就需要再往东搬，每天通勤就能一下烧光所有的钱。

走过伦敦街头，会经过两个不同世界的相接处，在此贫富偶然相邻。根据调查，2010—2017年，伦敦居无定所的人数增加了134%。[2] 2014年的一项调查则发现，伦敦有740幢无人居住的“幽灵豪宅”[3]，多是超级富豪投资人名下所有，纯为投资房产而购买。一幢幢原该住人的房屋，都成了真实版的大富翁道具，只是财富积累的道具。

拉开这些窄小房间的塑料窗帘，就能看见远处的碎片大厦*，朝那边望去，底下是若干空屋的生锈大门与灰白色调的办公大楼群，大厦尖顶在这片景象中醒目突出，熠熠动人。出了公寓沿着马路往下走，有家外观破烂的酒吧，一群又老又穷的男士，一身褴褛，泡在有霉味的沙发客座长久地消磨时间。他们弓着背、喝着酒，一旁的火炉中偶尔迸出一点橘色火星，掉落到磨损的肮脏地毯上。再往下走过几个街区，有几家外表新潮的小餐馆，餐点价格不菲，这笔钱可换得巴掌大的小食。

---

* Shard，又称夏德塔或摘星塔，位于伦敦桥站西南侧，楼高72层，包含办公楼、餐厅、酒店、公寓等设施。

不过，身在市中心，总感觉是件了不得的事，让我不论到城里哪个角落工作都感觉离自己的“基地”不太远。既然你想早出晚归，一天便最好由中间插入的午休时间一分为二。午休时间是街上比较安静的时刻，据我的准同行所说，下午这段时间，也是手机应用程序铃声通知最少的时候，对我们而言，就是好比新老板暂时放你一马一样。

我回到伦敦，准备加入“零工”经济，成为其中的一分子——零工经济是劳动市场上比例逐年上升的一群劳动者，包含自由接单与“零工”，也就是弹性工作，费率计酬，通常（但未必）通过手机应用程序接单。近年来零工经济逐渐盛行，这个名称饱含意象，唤起人对成名的遥想与漫不经心的自信张扬感——希望自己像个摆弄吉他、称霸舞台的摇滚巨星，可以随心所欲，每天慵懒地钻出被窝就有工作接，做完工作又能立刻“从雷达上消失”，不再理会新通知。“自由”与“自主”这类词，在这伪称革新的小宇宙里漫天飞舞，宛若婚礼撒落的缤纷彩带。现在，你的老板是程序算法。你也许放弃了一些权利，可是老兄，反正还能打零工，在这崭新的科技乌托邦里，你（至少在理论上）可以赚钱养家，同时保有自由与自主呢！

“零工”经济是近年快速发展的经济领域，全球金融危机以来，零工经济大幅度成长。光是2008年，英国便有380万自雇业者（Self-employed Worker）。2016年初，自雇业者的人数已增至470万，创下新高。[4]回头看2008年的数据，当时有12%的劳动力属于官方定义的自雇人士[5]，2016年则有将近16%——经济危机后，增加了约100万名自雇业者。有些人对此持乐观态度，认为有越来越多的人创业开辟自己的道路；也有一些人质疑，指出自雇人数增加是因许多经济领域的利润已然萎缩，企业便假称员工不再是员工，借此回避相关责任，有效降低营业成本，将其转嫁到员工身上。以前有固定工资与工时的工作，还可以保障最低收入、带薪休假，或许还有一份雇佣合同可以倚仗。如今号称“独立承揽人”的劳动者逐渐承包了相同的工作内容，却无法再享受原本的劳动者权益。

你平日赖以接收工作信息的程序算法，多半出自科技新贵之手，也就是由所谓的硅谷人士所设计。狄更斯笔下的普罗大众在伦敦街头已不复见，他用精彩手法描绘的那些资本主义大亨也多已不见踪影。新一代的主宰者不再是些肥胖恶劣、头戴高帽的男人，不再像他们一样幻想建立资本帝国，反而可能打开衬衫衣领、卷起袖子，一派温情动人地谈论多元文化。不过，我很快发现，这些所谓的“人民的资本家”——他们自认为反对现存社会体制，喜欢自称“挑战者”——其本质与过去的资本家没有区别，同样擅长压榨底层人民取得剩余利润，驾轻就熟。

不仅如此，他们还精通说服之道，能说服你相信整件事对你都有好处：你是“做自己的老板”。主打“零工”经济企业的人力资源部门总是不厌其烦地重复这套说辞，又有谁说得出哪儿不对？

–17–

我打算加入伦敦临时工的行列，便向伦敦交通局（TFL，

Transport for London）递交了私人出租车职业驾照申请，正式踏上司机之路。我本来想做外卖小哥（Bicycle Courier），但这时我等着做疝气手术。想到要带着疝气骑脚踏车，在城里到处跑，听来可不算什么好主意，开车应该更舒服点。

向交通局申请职业驾照成为优步驾驶员的整个过程，颇为直截了当：填写申请表后等上三个月就能领到驾照上路，载客赚钱。流程简单轻松，却也造成了出租车司机的烦恼，因为这些新来的竞争对手光凭一个应用程序就能大大降低每趟载客的成本，传统出租车司机只得在已经饱和的市场内，更辛苦地争取为数不多的乘客。其他运输业也出现了类似竞争：像外卖员必须和越来越多的同行抢生意。傍晚走一趟詹姆斯城路，随便站在一家餐厅外，就能看到至少六七位单车快递员在附近闲逛。屁股坐在车上，一脚踏地、一脚踩着踏板，满心期待地等待手机程序的算法通过控制器发送出来。

目前，法规对优步驾驶人数的上限并无规定，近年来优步驾驶人数便急遽增加，毫不受限。据伦敦交通局统计，过去七年间，伦敦的私人出租车驾驶人数确实也增为两倍，已超过11.7万人。[6]虽然并非所有司机都通过优步接单，但如此破纪录成长，也和优步扩张市场占有率的发展历程大略相符。2012年，伦敦有5 000名“共乘人”（即乘客）使用优步App，2016年则增为170万。每次开启我的司机专用程序，优步都会鼓励我“邀请朋友加入”，积极拓展客源。

大多数商业模式实行后，难免有商机多寡的差异。因此，优步组成司机大队，每日随传随到，好降低公司本身的风险：

就算乘客眼前没有出租车，也能隔空“叫车”，这正是优步的独家卖点。有了App，就不用站在路边发抖苦等，有出租车黑色的身影急转闪过便像疯子一样挥动双臂，引起司机注意。App便利且低成本，形成一股似乎永无止境的推力，引诱公司招募更多司机。毕竟，这样做的沉没成本（Sunk Cost）不高，何乐而不为？既可以省去缴税的麻烦，接下外包的承揽人也是按件计酬。没接到工作，公司也不必付钱给司机，就算法律规定了最低工资，也无从适用。劳工也不能主张劳雇关系的权利，因为在公司的定义下，他们根本没有员工身份。

伦敦交通局要求驾照申请人必须测验基本的地图判读能力，才有资格取得执照。在我参加地图测验时，亲眼见识到了究竟有多少人想加入“弹性”经济。当天共有40名考生，只有一位女性。考场设在优步办公楼，从查林十字街（Charing Cross）站走过去只有10分钟的路程。先让我说明一下情况：每星期有五六天，跃跃欲试的准司机能在伦敦几家认证中心出席考试，优步也安排我应考，但我等了一个月才排到考试资格。应考时，我发现大多数的应试者都是第一代或第二代移民。考试前，我在考场外和一些人攀谈，他们跟我一样，提早半小时开车过来避免迟到，这时正在附近徘徊消磨时间。我问他们为什么想当优步司机，他们都热情地表示，因为工作非常“有弹性”。“我可以按照自己喜欢的方式工作。”有个南亚来的男子，用一口烂英文说。另一个人则说：“就像是说，我可以决定什么时间和怎么做。”他搬出的恰恰是优步在网络上营销的说辞，连我自己都很吃这套。

说真的，这份工作的“弹性”确实吸引我，毕竟我想写一本书，开优步出租车应该不像之前其他工作那么累，至少可以降低工作量，方便赶稿。当自己的老板——没有霸道的生产线主管不时耳提面命、紧迫盯人——真是好处多多。自己当老板，就能马上呼吸自由空气，再也不必像机器人一样乖乖排队，只因违反一点公司政策便等着被责骂或羞辱。我是自由的，不必理会身边还有什么规则。如果规矩还能忍受，我就接受；假如规矩令人不快，我就打破规矩。

不久之后，我才真正了解自雇工作的不稳定性会带来乌云罩顶的不安。

测验结果出炉，我得了远高于及格标准60分的85分。答完考卷我根本没检查，也不需要检查，因为整份考卷都是基本的地图判读问题，回答地点、公路与伦敦周边乡镇的名称，难不倒我。有几家公司都要求司机参加这个测验，但优步提供补贴，让司机可以免费应考。

申请职业驾照的流程全部跑完后，伦敦交通局会发下一张PCO（Public Carriage Office，公共运输处）执照，有了这张执照，只需要准备一辆合格的车就能执业。在优步，所谓合格的车，车龄必须在八年以下，可以租车或直接买车。但考虑买车所需的5000英镑成本，实在算不上是好选择。所以我选择了以每星期201.77英镑的价格从“企业租车”（Enterprise Rent-A-Car）租了一辆——含保险费，一次至少租满四个星期。

说实话，优步连我要用什么车都管，还真是奇怪，这应该属于我的私人事务。优步允许我用他们的App，把我归类为自雇承揽人——所以，我属于他们的合作伙伴，而非员工。“优步只提供科技应用程序，并不是私人出租车公司。”后来，我们这批新司机在公司接受培训时，优步团队的人也是如此解释的。

也有其他企业采用类似优步的商业模型，比如外卖公司户户送（Deliveroo），多数在伦敦四处送货的人，都是为这样的公司工作。但他们不属于公司员工，领的不是“薪水”，是“独立供货商”的报酬。户户送的骑手身着绿色制服的影子在伦敦市内随处可见，人数还不少。可是，户户送为了强调骑手是基于自由意志进行商业活动，便在所谓“送货人用词指南”中写道，每位送货员身上穿的那件衣服，尽管印有Logo，也不过是一种“装备”，是大家从公司“供应中心”买来的，并非制服。同理，他们从户户送赚的钱是“费用”，不是薪水，拿到的不是薪资单，是“发票”。[7]

这就是平台资本主义（Platform Capitalism）。我们是企业的合作伙伴，只是在使用“工具”，这工具可以“连接寻求驾驶服务的顾客，以及可以提供驾驶服务的司机”[8]，优步都爱这么说。优步是一家科技公司，只不过刚好也有出租车客运业的执照，如此而已。

光看某些方面，还真不能不赞叹优步的经营之道，毕竟，若非这些新作风和故意唱的反调，优步可没办法从一个古老行业脱胎换骨，摇身一变成为新兴产业。用前执行长官与创办人特拉维斯·卡拉尼克（Travis Kalanick）的话来说，就是将“在旧金山接送100个朋友的黑色出租车服务”转变为“横跨68个国家、400座城市的运输网路”。像优步这样的捣蛋鬼，扰乱伦敦私人出租车市场的程度，一望即知，街头随处可以观察到。有时，等红灯的时候，身为路边耐心等待的优步司机一员，坐在车里就能察觉有人在瞪你。立刻转身一看，他们就在那：两眼充血，盯着你看，眉头深锁，满面愁容——他们是愤愤不平的出租车司机。偶尔会开口，朝你胡乱吼几句脏话，发泄完毕，这些情绪恶劣的守旧派就会开车离去，表情扭曲成一张苦瓜脸，嘴里还连珠炮似的连骂几个脏字。“妈的”“干”，有时候他们也会叫你一声“狗腿仔”。

过一阵子，你就会渐渐习惯这些恶意相向，或者至少脸皮变厚了，能够充耳不闻，好像那只是小孩闹脾气，没什么大不了的。可是，听着这些，至少一刹那会觉得自己正在做一件有意义的事：传统出租车太贵了。我们早已习惯这些穿梭在伦敦背景中的黑色甲虫，就像电话亭和双层巴士是一种古雅与怀旧——开玩笑，半夜两点回家，街上一个人影也没有，这时的你当然只想叫一辆便宜的士来坐，谁还念什么旧。

身为司机，能用精心设计的App处理乘客所付车费也安心许多，不必钱包里塞满现金。在伦敦街头四处活动时，起码不怕乘客突然掏枪抵住你的头，要你交出PayPal帐户密码。如果真的遇到抢劫，优步也会登录他们的信息，（理论上）再呈报给警方。

最初抵制优步的声浪，恰似许多新发明问世时所引起的抗拒，倒也在意料之中。用老方法做事的既得利益者，只要发现任何新玩意儿会威胁他们舒适的现况，总是二话不说全面抵制。若能克服这类科技传统主义的反动，通常也是进步与否的关键，就像如今已经没多少人会哀叹泰晤士河上没有船夫，再没人惋惜街上看不到马车。当然，包含意大利在内，确实有部分国家仍以不公平竞争为由，禁止使用类似优步的智能手机App，以保护传统出租车司机的生计。然而这并非长久之计，既不可行、也不能服众，特别是在消费者政治影响力较强的国家，更不可能只照顾出租车从业者一方的利益。

此外，对顾客来说，“零工经济”的兴起同样利大于弊。只要下载App，马上就能联络到愿意提供共乘服务或提供住宿的人，匹配双方需求。生活上，几乎你能想得到的工作或家务，都有App提供服务。比如，找人来收取脏衣服、洗衣服，用熨斗烫过，最后把香喷喷的干净衣服送回你家。在英国，每15 000名户户送的骑手中，就有一人可以骑自行车替你到餐馆取餐，再外送到府。出门逛街，要是懒得把沉甸甸的购物袋拎回家，可以用Dropit找人帮忙，从店到府，为君代劳。通过Airbnb，则可以短期出租自家房屋，充当民宿业者。想开BMW出门，就用DriveNow找找附近有没有吉车出借，事后也只须把车停到合法停车场，就能轻松还车。

可想而知，还有很多类似服务，应有尽有，不仅方便，也比传统服务便宜得多。就拿乘车来说，从威斯敏斯特教堂（Westminster Abbey）搭出租车到巴比肯艺术中心（Barbican Centre），车费大约15英镑；如果让在下这个优步司机接送，只收费8镑，经济实惠。

在二元对立的辩论中，我们有时会忘记“零工经济”（至少在理论上）也有吸引劳工之处。或者，若劳工能采用一些合乎民主的方式来控制这些支配生计的App，零工经济也理应能带来好处。比起之前做的一些工作，用优步App接单，已经大大减少了我的惧怕与担忧。不仅工时弹性，也有机会赚到合理报酬，不怕白忙一场。很多人下载优步App开始当司机，大概也是为了这些优点。据优步的自行统计，其旗下有三分之一的司机出身失业率超过10%的地区[9]，同时，优步声称司机平均一小时收入16英镑，大约是我做其他工作的两倍。[10]（伦敦八成是全英国生活成本最高的地区，但也没比其他地方贵上两倍，所以这个收入比例似乎挺可观的。）正式开始当司机前，我还听说有些同行一星期可以赚400~500英镑，不过有意思的是，这些话从来只是听说，我没听哪个司机亲口证实过。若传言属实，真可谓收入不菲，相当于部分地区两周的工资了。想想之前的状况，看来替优步开车还算不赖。

填完驾照申请表后三个月，我终于能正式开车上路。以前的工作都要打卡上下班，或填外勤记录表，当上优步司机后，只要拿出我的三星智能手机滑开屏幕，就能轻松签到，还可以暖乎乎地坐在车里。一进入App，画面上便现出全城地图，还有其他内置功能，点击即用。我知道早晚会有人通过程序叫车，成为我的第一位乘客。于是我满心期待地盯着画面上跳动的蓝色定位小球，等待乘客上门。

–18–

我在诺丁山（Notting Hill）的拉德布鲁克路（Ladbroke

Road）载上第一位乘客，这是伦敦“中产阶级化”的代表区域，原本属于破败城区，因有钱居民集体迁入才改头换面。附近的波特兰路（Portland Road）上，那些20世纪60年代建的旧宅贱卖10万英镑。这里曾经沦为贫民窟，最近又跃升为伦敦热门地段，房地产售价动辄千百万。我去过几次那附近的“伦斯代尔伯爵”酒吧，还算熟悉。之所以开车来W11区——以及帕丁顿（Paddington）、贝斯沃特（Bayswater）和肯辛顿（Kensington）附近——是因为这区给人的感觉，很像初来伦敦的落脚处。这边到处都是游客，游客总想再找个地方去，那么希望他们会想搭乘我的车离开。

抵达此区，我紧张地等待乘客，感觉自己冷汗直冒。幸好，女乘客很快就来了，她钻进车里，也没抱怨闻到什么怪味。可能是我真的没什么汗臭，也可能是她很有礼貌不会为此开口也说不定。

完成第一趟优步载客之旅后，基本就能掌握整个流程，你只要按照手机上的一系列说明操作就行。等待程序尖声通知可接订单，有15秒左右的时间可以决定是否接单。你可以从地图上找到乘客所在位置接对方上车，再看地图送乘客到达目的地。如果对方过了五分钟都没来，你还可以收五英镑的爽约费。

我接送过黑人、白人和其他各色人种，我载过礼貌的人、无礼的人、烂醉的人和正在烦躁地赶时间的首席执行官。这个工作最大的优点就是能遇到各式各样的人，一切都充满惊喜，有时感觉都快上瘾了。比方说，决定接单之后才知道乘客想去哪，然后努力找到他们本人，再安全护送到目的地。优步不会给你乘客的全名或其他任何信息，从某方面来说，这确实是优步服务的美妙之处。根据公司说法，优步用这种保密程序是为确保公司能"随时提供可靠服务给所有人"，我们不能挑选乘客，但也从此不会再有调度员偏袒特定司机的困扰，这也能同时保护乘客，避免司机盗用乘客信用卡信息，或半夜三点突然出现在女乘客家门口。

不过，既然在这三方关系中，身为司机的你和乘客没有直接接触，全靠App，有时也可能让司机在信息不足的情况下，接了平常本会直接拒绝的工作。大家可以想象以下场景：你已经工作了12个小时，决定再接最后一个单子就收工。你看看手表，显示现在将近凌晨四点。摇下车窗，可以听见微弱的清晨鸟鸣。你心想，要趁着天边橘色阳光普照大地前赶紧下班回家。这时手机发出通知声，告诉你有顾客想叫车，路程约耗时20分钟。你接单后乘客表明他们想搭短程，付最低车资五英镑——这还是优步扣除手续费前的定价，有一次扣除手续费后，我实际上只拿到3.94英镑。

接送完毕，又要花费20分钟开回刚才出发的地点，你等于花了一小时时间工作，却赚了不到五英镑。或者，乘客也可能要求你花30分钟往相反的方向开，那就更费时费力了。不论哪种情形，等到你一路开车返回原点真正收工回家，踏进家门时可能已经是早上六点。这一天，你花了将近12个小时开车工作，而且还要额外多花15分钟"空转"（没有赚取收入的时间）。好不容易可以躺到床上，已经差不多是左邻右舍坐在餐桌前准备享用早餐的时间了。

要知道，但凡清醒的人都不会接受这种差事。或许，这就是优步不允许司机经常取消案件的原因：优步告知司机至少要接受80%的载客请求，才能保有“账号状态”，避免账号遭到停用。如果司机连续三次拒绝载客，将会被自动踢出应用程序，实际上也有过连续拒绝两个单子后被系统自动注销的事发生。不管“自己创业当老板”的那套说辞有多好听，现实就是被强制注销后，还要再等10分钟才能重新登录应用程序，而且这感觉可不像什么预防措施，避免驾驶在不便载客时意外登入（这还合理些），倒更有种惩罚的味道。（其实，避免出错的方式很简单，只要在系统将驾驶注销后，在驾驶可以接案时立刻让他们登入即可。）

身为司机，一打开App就没有拒绝接单的权利，这才是重点所在。因此，多数时候优步要你去哪，你就得去哪，如果程序要你在大半夜开车40分钟到伦敦另一头再返回原地，也得照办不误——否则就会落入优步的小把戏里（强制注销，请你到公司走一趟，倒霉的话可能会永久“封停”）。

在缩短等车时间这方面，公司介入程度更高，因为这可以提升顾客满意度，增加使用优步的次数。不过，既然驾驶都是自雇，如此严格管理显得十分奇怪。根据我的观察，这份工作在某些方面，其“自雇”的说辞的确脱离现实，反倒更像用花言巧语包装过的假象。

有时，开车工作也会让人上瘾。在美国，优步根据行为科学采取了部分心理诱导方式，影响个别驾驶员选择特定的工作时段与工作时间。据《纽约时报》（*New York Times*）2017年的报道，优步为了刺激驾驶员出门工作，“利用部分人偏好设定目标的倾向，在司机想要注销时提醒他们距离重要目标只剩咫尺之遥，好让他们继续开车”。

“我们会把高需求地区显示给司机，或设法激励他们再多载几个客人。”优步发言人迈克尔·阿莫迪欧（Michael Amodeo）说：“不过，司机只要按下按钮，就能暂停工作——他们有100%的决定权。”[11]

现实中，可能有个司机在晚上出门，心里盘算着今天要赚多少钱，比如100镑。但这种方式其实缺乏效率，如果真的接不到单，最好的选择是收工回家，等机会更多的时候再出门。不过大多数司机都会设定目标，或者至少刚入行时会这么做，我就是个现成的例子。起初，我会设定每周的大致目标收入，再分配每天要赚得的金额，达标就可以下班。可是实际工作时，App会在结单前下派新的乘客信息，好比看电视剧的时候，上一集的片尾都还没播完，网飞就自动替你下载了下一集，变相鼓励你不停追剧。[12]

由此，优步只要轻轻推司机一把，便能说服他们多开几里路。再赚10镑，你的净收入就达到330镑了，确定现在就要下线吗？设定目标后会产生渐渐接近目标的感觉，电子游戏经常利用这种心理定位的方法让玩家上瘾，优步用的是相同手法。

外卖公司户户送的做法也大同小异，他们会把当周的表现资料发给骑手，再告诉他们，根据上周统计，有哪些好的工作时间和地点，借此鼓励骑手蹬着自行车多为顾客奔波送餐。优步承认，他们曾在美国进行实验，因为绝大多数优步司机为男性，实验中通过虚构的女性角色来鼓励司机，以提高他们在特定时段到特定地点载客的意愿。

优步之所以能这么做，是因为公司能追踪到司机的活动和大致行踪。往好处想，App可借此控制超额产能，善加利用。理论上，追踪司机现况可减少个人或个别车辆的闲置时间，提高生产力。比如说，我开车走某个方向回家，同时开着优步程序，如果有乘客想顺路乘车，程序就会跳出通知，可减少里程浪费。通话程序则提供了极为简便的联络方式，便于分享超额产能，在司机间充分利用。在正式上路前，我上了优步提供的“上路须知”课程，约花费两个小时，每位准司机开始正式工作前，优步都会请大家来上这门课。

第一步当然是完成注册流程，提供账号用的照片。其后，优步派人讲解App的基本操作方式，以及接送乘客的流程。至于优步对司机行动的监控程度，我发现这门课倒提供了不少实用信息。回想在上将保险时，团队主管用开玩笑的方式说公司里有“老大哥的眼睛”盯着我们的一举一动，当然这话只是玩笑，不能全当真。但在优步，你真的会感觉到有一只全知的神秘之眼，自始至终都在观察和约束我们。

用善意的说法，我们得到种种“尊重乘客”的详细指示。优步要求，司机应该“时时刻刻用冷静且专业的态度和乘客沟通，务必告知乘客行程进度”。公司还告诉我们，应在车程中避免特定的对话主题，比如宗教、政治和体育，以免冒犯后座的乘客。毕竟，我们出现的用意是服务乘客、回答问题，而不是要对世界形势发表高见。

说起掌控司机的手法，在这工作的许多方面也能略见一二。一单上路，你的接单数量、类型以及是否取消，都由这个喜欢自称“合作伙伴”的组织密切监控。

“跟优步合作的方式，就是得到整体评分、接案率和取消率这几项数字。”课程中，有位优步讲师如是说。[13]

“所以，我们会知道很多事情，比方说你的接单数量，拒单数量，还有取消和未取消的订单数量。我们会看到平台（即UberPOOL或UberX）上的资料，如果发现你取消了比平常更多的单子，那就是有困难。”

有“困难”等于有“问题”，当然在这世上，只要能用委婉的说法，没人会想一语道破。原来，我对这份工作的自由还保有一丝幻想，职前培训听到这些话后不禁渐渐破灭。“要请你们持续在线，是为了接到所有派给你们的订单。”讲师说：“优步希望各位不要挑选订单，不要只挑自己喜欢的。”

除了派发案件的机制，优步还通过评分制度管理司机，让司机和乘客在行程结束时互相评分，满分为五颗星。公司会密切监控每位司机的平均得分，每位司机都从五颗星开始，如果好好工作，短时间内要维持满分相对来说也算容易。除了评分制度，乘客也可以根据对行程的满意度，给司机一个看起来很白痴的贴图，比如“车型酷炫”或“设备一流”。可是，工时越长——缺乏社交的时间也越长——便越容易得到偏低的评分。有时路上堵车害你迟到，乘客多半会生气；有时是乘客选择了错误位置，车子开到指定地点才发现他们不在那儿，结果乘客还归咎于你；有时乘客不高兴，是因为他们习惯对地位低的人颐指气使，他们看不起你，所以想生气就生气。

偶尔，乘客一开车门，就凶巴巴地讲明规矩。他们只想命令你，不想听你说话，期望你表现恭顺。他们高声说话，在车内听来更为刺耳，却要你轻声细语。这不仅是顾客为上、要你放低姿态这么简单，毕竟这本是载客工作的常态，难的是乘客要求司机绝对服从，这可是我在之前的任何工作中都不曾体验过的。优步很爱说“乘客就是你的顾客”，要好好对待，但实际上，乘客应该是优步的顾客才对。

以上这些细节都会左右司机得到的评分，想保有模范评分、拉高平均值是门学问。就连长年表现优异的板球运动好手，都可能因为一场比赛抱鸭蛋而出局，多抱几颗鸭蛋，职业生涯可能很快就会毁于一旦。在优步，公司会看你最近50次评分表现，如果你遇到了几个难搞的乘客给你偏低评分，拉低了整体平均数，你可能马上就会被叫进位于伦敦的优步办公室，进行“人员训练”。假如你的评分一直低于4.5，可能就会被系统封禁，不能再用优步程序。

“如果你的评分一直很低，就可能被禁用……如果低于4.4，我们会介入提供协助。”讲师这样说：“我们会提供给司机伙伴必要的训练以改善情况，如果训练后还是只能拿低分，就会让司机停用六个月，也不排除永久停用。”[14]

开启程序后立即上线，所有程序丢过来的订单，似乎都得无条件接下，别无选择。

“要是你都不接受行程，经常超过定时器的时间，我们就会暂停中止你的账号两分钟。”讲师警告我们这群新进司机。

“如果你一直退单，我们每次中止账号的时间也会越来越长。”

总之，的确是种奇妙的自由。

-19-

上路第一周，我便发现艾茵·兰德（Ayn Rand）的《源泉》（*The Fountainhead*）是优步前执行官和创办人卡拉尼克的爱书。兰德是俄裔美国小说家与哲学家，曾提出通称“客观主义”的哲学思想，可见于其两部畅销小说《源泉》与《阿特拉斯耸耸肩》（*Atlas Shrugged*）。客观主义反对一切集体主义，包括福利国家、工会与公共医院，都被客观主义所拒绝和排斥。

兰德哲学呈现了过度简化且“全面”的世界观，对以放弃思考为主旨的读者来说，具有恒常的吸引力。诚如亚瑟·库斯勒*在《失败的上帝》（*The God That Failed*）中所言，发现能对世间事物通盘解释的意识形态总令人心安，因为这等于“找到了所有问题的答案”。

兰德哲学假定有一种“利己美德”存在，并大加赞扬，这一套想法仍然相当吸引当代企业家，令他们放心相信自己提出的欺诈诡计。“我发誓——以我的性命与对生命的热爱发誓，”兰德写道，“我不会为了别人而活，也不会要求别人为我而活。”有些人可以推动世界的运转（譬如企业家、产业龙头），有些人则想方设法阻碍崇高伟大的事业（譬如官僚、工会），除了兰德

* Arthur Koestler，20 世纪初的英籍犹太裔作家，曾加入德国共产党。

小说中神祇般的英雄人物，以及阻挠人类实现崇高理想的“掠夺者”，剩下的大部分人都不值一提，可以舍弃。这世上只有少数人“可以让世界运转不辍，实践生命的意义”，兰德在1968年版的《源泉》前言写道，“其他人都与我无关”。

辛苦生活的大众，似乎也与优步无关。优步因认定每位司机都是独立经营者，而未就“订车费”收入缴纳增值税[15]，并通过位于荷兰的相关企业营运其应用程序，越过英国政府，在荷兰缴纳大部分的营业税。[16]他们对司机的态度则是另一回事：2017年，卡拉尼克自己便在搭乘优步时，因为司机当着他的面抱怨报酬太少，和司机起了严重争执。卡拉尼克还不屑地告诉对方：“有些烂人就是没办法对自己负责，只会怨天怨地，怪别人让他们过得不好。”于是两边吵得更凶了。

要是你穷，那是你的错，因为你不肯为自己的一条烂命负责。

想当然耳，优步崇尚兰德哲学的态度，也延伸至其雇佣方式中。优步对司机的分类不是员工，而是定义为客户，因为司机每次载客都要支付一小笔佣金，换取优步允许他们使用驾驶程序。究竟优步司机是否果真处于自雇地位，总有人提出质疑，甚至有两名司机状告劳动法院，争执优步与他们的关系。2016年10月，高等法院判决原告法拉尔与阿斯兰胜诉，认定他们有权享有带薪休假与其他“劳工”地位得享之权利。法院并没有采纳优步司机属于自雇的见解。

“优步主张其于伦敦之事业系三万小型企业之集合，以普遍可用之‘平台’相互联结，此主张应认系属谬言。”法院表示，并加上一句：“司机无法亦无从与乘客协商讨论……其仅得根据与优步签订之条款，提供并接受行程。”[17]

法拉尔胜诉后的隔周立即向优步提出请假，却遭到公司拒绝，因为优步已经提出上诉。2017年下半年，优步于中审再度败诉。不过，在我撰写本书时，优步又上诉至最高法院——表示这件案子可能会再拖上几年才能尘埃落定。[18]

我想多了解一些这个案子，便接洽了当事人詹姆斯·法拉尔。对方答应后，我们约在一家工人咖啡馆见面。詹姆斯从2014年12月起开始为优步开车，其后与他人共同创立了名为“私人出租车司机联合工会”（United Private Hire Drivers）的组织，也就是出租车司机的工会组织。他原本在一家科技公司工作，2014年遭裁员失业后便加入优步司机行列，理由是想用一般工作时段钻研自己的新技术项目，晚上和周末才出来开车载客。因此，他基于“很传统的理由”，受优步模式所吸引。

> 我希望通过优步获得弹性工作时间，但很快就发现这是个骗人的制度。我是说，大家其实都遭到了严重剥削。[19]

我们进了咖啡馆，各点了一杯咖啡后坐下，同时不断有身穿反光背心的男性出入咖啡馆。我们谈了一会，话题便转向优步对出租车产业带来的好处，因为詹姆斯其实并不希望优步被政府禁止营业或者被赶出英国：“我不觉得应该要禁止优步……我们的重点是要帮劳工争取更好的环境。”詹姆斯认为，许多出租车司机为了摆脱传统出租车行业的苛待与控制才加入优步平台的载客行列，我访谈过的很多其他司机也有同样的想法。

这些司机相信，没有车行，只有程序，就能避免调度员感情用事，全依个人好恶派单，造成司机的庞大压力。

> 科技的好处，还有自动发单的好处，就是可以把调度员排除在外。我是说，这些人能决定你和你全家下星期有没有饭吃，有的司机赚得到吃饭钱，有的却得饿肚子，而且如果他们要让你失业还不简单——只要不派乘客给你，让你闲着没事干……我想有些人宁愿用优步接单，单次少赚点钱，也想赶快离开那些出租车公司。但是程序也慢慢变成另一种怪物了。

在零工经济中，只要掌控了程序算法，就能改写输入程序的内容。可是，在科技乌托邦里，却要求这些被程序算法所管理的人接受并同意程序是中性的存在。即便在现实中，程序就是为谋求利益才诞生的。很多时候，通过App寻求工作机会的人，其个人利益都与程序利益相悖。举个很有趣的例子：在我访谈过的司机中，有些人并不信任程序算法，他们认为程序并不会把单子派给距离最近的司机，詹姆斯就有这种想法。不过，重点是没人能知道算法实际的设计，不确定程序究竟是否根据驾驶得到的评分、创造的利润或上线时间长短，在派发订单时给予差别待遇。

身为劳工，你无从过问算法究竟得到什么信息、根据哪些信息执行，就像你也无法预测传统调度员的喜怒哀乐。“请尽管相信我们。”硅谷资本家都这样告诉他们的承包商，他们正是靠这些承揽人的服务贡献，才能功成名就。

理想情境下，优步希望伦敦街头时时刻刻都有优步的车在行驶，但对司机来说，不是每个时段出门载客都有好处。以另一个亲身经验为例，星期二晚上，我从萨里的米切姆（Mitcham）驱车前往威斯敏斯特教堂一带，一路都没听到程序发出通知声。虽然这份工作有一点弹性（你可以决定什么时候开关程序），但也渐渐让我感受到压力。因为要是想赚钱，出门工作的时段其实大有影响。

"如果不做早班，周末晚上不出来载客，就没什么赚头。"詹姆斯对我说。

用卡拉尼克的话来说，优步的最终目标是"把运输方式变得更可靠，如水般不停流动，不曾中断，随时随地都能服务所有人"。其关键就在于实时回复。能有一群司机不断绕着伦敦跑，乘客就能随时从口袋掏出手机，打开程序，找个刚好在附近的司机来接你，几秒钟就能搭到车。实时响应的模式，正好能解释优步为何能不断通过伦敦交通局招来大批司机，送他们上路载客，永无休止地卖力工作。

优步相信市场可以无限扩张，并以此建立其商业模型，方式包含压低载客价格，压到远低于传统出租车业者的报价，好挖掘出原本遭到压抑的需求——用行话来说，叫"流动性"。可是，优步似乎也相信他们可以永远实行这套方式，而从未限制司机人数上限。优步认为，如果他们可以不断扩张市场，表示会有更多司机削价竞争，同时又因市场变大，司机本身也能提高收入。这对所有人都有利，至少优步是这样说的。

2015年，优步引用纽约的统计资料，证明在司机人数增加的情形下，纽约优步司机每小时的收入比前一年增加了6.3%。不过，詹姆斯对此持怀疑态度，并认为长此以往“只会违反一切经济原则，破坏供需平衡”。

> 如果你放任大量司机随便喊价、进入市场，订单就会被抢光，本来压抑的供给和需求就会显现。这是个显而易见的事实，短期之内也会广受好评。但持续下去，就相当于拖所有人下地狱，不是吗？

一旦司机端的供给超过一定水平，整个供需系统便会产生大量人力浪费，但优步只能预测系统中的流动性，无法操控其数量，毕竟计算未来还能开发的乘客人数并不太现实。重点在于：谁来负担浪费的成本？在詹姆斯看来，是司机承担。有时，特别是在伦敦这种人口基数大的城市，上路的司机人数远超过乘客需求，就会出现僧多粥少、有人赚不到钱的情形。可想而知，优步并不会公布伦敦司机每小时的收入数字。

> 那，什么是“网络效应”？比如说我拿起电话，会听到嘟嘟声，对吧？如果电话占线，就连嘟嘟声都没有，这样你会高兴吗？……没人愿意等20分钟，搭优步也是一样……为了让尖峰需求得到满足，就要有更多司机在路上跑，甚至超过需求量，这样乘客一定有车搭。

一登入程序，司机就开始为平台服务，就算没人坐进后座，也要待命。2016年的判决中，法院也提出这点，并引用17世纪伟大诗人弥尔顿（Milton）的话："伫立等待，亦为侍奉（They also serve who only stand and wait）。"优步服务之所以获得成功，正是建立在一大批剩余劳动力上，他们在伦敦四处空转干等手机传来派订单的声音，优步不会因此受损分毫，个别司机却会蒙受损失。借由不断扩编这支自雇承揽人大军，公司便把风险转移到我们身上来。

"除非自己挖掘资料，亲自分析，否则这显得很不直观。"2016年，优步时任英国区总经理贝雀（Jo Bertram）曾这么对《卫报》说。为了接受优步颠覆传统经济法则的方式，你得先接受几个前提。首先，优步会在在线司机人数达到饱和且司机空闲时间增加时，停止派出新司机。可是我们都知道，司机的闲置时间早就增加了。在大众运输费用相对便宜的都会，且道路空间有限的情况下，临界点必定存在，并不需要数不尽的司机上路载客。

其次，你也得相信优步公司虽然由兰德哲学的追随者创办，但他们会将司机的权益放在心坎里。事实上，优步极力免除自己对司机"伙伴"应负的任何义务，比如带薪休假与最低工资，当然，这又是另一个故事了。

纵观历史，都是穷人负责给齿轮上油，维持马车前进的动力，至于舒舒服服坐在车里的人，顶多漠不关心地望一眼罢了。不过，若是情况如此糟糕，为何优步司机不干脆撤出市场，改行做别的事？他们干吗不"自己搞定"？就像所有兰德粉丝都会主张自主权一样，司机大可不干。

有些司机不想离开。我在希斯洛机场的授权停车区和一些司机聊天，有些人就说他们在优步开车开得挺高兴的。其他人则认为，这是个人选择。想要有真正的自由，那也得有收入、存款或养老金可以依靠，至于有多少自由，通常也取决于口袋里有多少钱。

我也和另一位移民司机阿曼聊过，他已经在优步开了两年车。我问他对劳工个人选择的看法，并问道，如果环境真的不好，司机为何不干脆停止用平台找乘客？

> 大概因为他们都是移民，你知道吧？我是说，他们没什么选择……以前大家都是在厨房打杂、做服务生的，现在有机会开车载客就试试看。总比之前那些工作好，所以大家都很满意，不是吗……他们之前做其他工作已经被剥削过了，相比起来，现在可以拉高工时赚更多钱，有些人一星期工作了90~100个小时吧。
>
> 我过去会跟朋友聊以后如何，我会跟他们说优步是好东西，我们可以实现独立自主。就算载一次客人的收入比较少，但至少比其他车行赚得多。不过，他们开始慢慢发现现实情况，以前开过小型出租车的，显然都不喜欢优步，也并不觉得优步比车行更好。但以前在餐厅之类地方工作的朋友，他们更能接受优步的模式。

如果司机预期准确，在酒吧和俱乐部散场时前往人潮涌出的地段，就能利用“动态定价”增加收入。在乘客需求高于司机人数的地区，司机单程载客就可能赚取高达三倍的车资。这可以鼓励司机前往高需求地区，让乘客需求得到满足。提高车资可激励驾驶员，也能调整全城各区的出租车分布失衡。不过，一旦大众习惯低价，你便从此无法完全摆脱追求超低车资的心理。

“优步做的就是让乘客习惯低价服务，只要涨价，他们就觉得被敲竹杠了。”阿曼表示，他形容乘客“会怪到司机身上”。

> 就算知道不是司机的问题，也会给司机低分。只要涨价，评分就会下降，和我有什么关系？我是说，这只证明影响评分的因素都不是我能掌握的。如果公司既要谈绩效管理，又要控制我的评分，就会导致从业者不择手段，所以你会看到很多司机的评分一旦下降，他们就会提供薄荷糖跟水之类的额外服务。

“有些司机伙伴会自行提供饮用水给乘客。”入职培训时，有个优步的人便曾这样暗示我们：“有些司机伙伴会提供小点心，你可以自行决定要不要这么做。”

此外，和司机聊天的过程中，他们也提到过，随着车资下滑，乘客的态度也越来越不尊重。感觉乘客把他们当作仆人，专供这些尊贵的伦敦人呼来喝去。

“因为这份工作收入很低，假如你做这种工作，很遗憾，大家都会看不起你，懂吧？他们不会尊重你。”阿曼这样说。

每个人都有一套应对烦人乘客的办法。如果乘客太势利，我就会跟他们说一个曾曾祖母的故事，说她老人家可是在白金汉宫出生的贵族，好吓吓他们。这通常会让客人觉得很困惑，让他们没办法再炫耀自己的家世。而有些司机不是英国本地出身，更难以摆脱这种困境。

星期六半夜，开车到西区附近，你可能会看到某个索马里或巴基斯坦出身的年轻司机。他们接到醉客，对方却不愿乘他们的车；或者在行驶过程中疯狂开关车门，年轻司机只能束手无策地和他们讲道理；或者乘客可能坚持要在车上抽烟，不然就做其他车内不宜的事。你是来服务伦敦上流社会的，应该安静顺从，迎合他们偶尔兴起的怪念头，就像狗听了农夫命令便乖乖绕着农场跑。你只该留在背景里，在别人说起自己的故事，提起他们在这座城市无形的阶级位置时，你只能是故事的背景。

因此，在司机看来，评分系统不总是有益的。入职培训时，公司暗示我们，乘客给司机评分前能先看见司机给他们的评分，你当然不会想给乘客三颗星以下的分数，免得他们反过头来用低分对付你。有一次，因为一位女乘客用骂小孩的方式和我讲话，我只肯给她打四颗星。

> 这是最糟的，乘客一上车，就对你呼来喝去。我以前会照做，但现在会说，如果你不想尊重我，我就不开了，你给我下车……有一次，我去苏豪区（Soho），有些地方人很多，同个地点一次有20个人想叫优步的车。他们通常刚走出夜店，你最好锁上车门，他们会发酒疯要开你的车门，一直问“你是我叫的司机吗？”有一次，我锁上车门，有个家伙走过来想开，我问他是谁，想确认一下。结果他说，“你他妈给我开门就对了！”然后我就打开App取消了这个行程，“我取消订单了。”然后他一边拍照一边说，“我要举报你。”

阿曼相信，乘客叫车时，心理预期的车资降价会影响他们对司机的态度——车资越低，他们越不尊重司机。

“这和费率有关……不管需要哪种服务，如果费用高昂，顾客也会比较尊重对方。我是说，就算是同样的工作，付钱买同样的服务，很不幸，只要比较贵，客户就会比较尊重服务者，不论他是否提供了更多帮助。”

如果坐后座的人踹你椅子，除了取消行程（但经常这么做的话，优步可能会找你麻烦）或报警，你确实也无能为力。

“我们一次就有三万辆车在伦敦大街小巷跑，竟然没有24小时支持？”在工人咖啡馆碰面的那次，詹姆斯便反问道：“没办法打电话找人求救，没有人可以帮你。”

通过优步载客满十次之后，优步会恭喜你，并兴高采烈地通知：“现在，UberPOOL解锁了！”这是另一种乘客选项，乘客开启程序时就会看到UberPOOL。他们可以选择使用UberX，即标准费率单独搭乘；或改用UberPOOL，找到顺路共乘的其他乘客节省部分车资。很多司机都不喜欢POOL，至少和我聊过的所有司机都痛恨这玩意儿，因为要是载到彼此不认识的两三个醉客，他们可能会起冲突，让司机头痛万分。另外，相较UberX，UberPOOL的共乘模式会压低平均单趟车资，当然也不受司机青睐。

不过，培训讲师却曾信誓旦旦地告诉我们，接下UberPOOL的单子会带给司机更大利益。

“我向大家保证确实如此，我们会尽可能帮大家匹配更多行程。这对司机伙伴来说有好处，可以让大家多赚点钱。”

我把这些话讲给阿曼听，他便笑了。

UberPOOL，UberPOOR，司机都这么叫。赚的钱只能应付生活开销，而且他们给乘客固定价格，就算你遇到堵车或者较长的接单时间也没有差别。车资先给乘客打九折，然后他们自己拿走35%的抽成……

2016年夏天，詹姆斯接了一次UberPOOL的工作，以亲身经历证实了共乘的确有引起冲突的可能性。那次，他到肯辛顿载了两名乘客，两人都没发现自己用的是UberPOOL，结果两个男乘客便动手攻击了先乘车的女乘客，事件还上了报。

他们可能是醉了，然后我车上已经载了一个女生，他们就吵起来，两边都不想共乘……结果闹得很难看，很可怕，他们要揍她，把她拖下车，还钉在墙上。

詹姆斯想保护女乘客，两个男的便也攻击他。事后优步响应，表示他们一向“给乘客清楚的信息”，当他们在选取UberPOOL时，会告知选择共乘。[20]不过，詹姆斯没把这话当一回事，还希望禁用这项服务——或者至少在应用程序内加上一个紧急呼救按钮。

以前别人会跟我说，如果在车行开车，遇到问题就用无线电呼叫求救。调度员会知道你人在哪儿，叫其他人来……车行会有一大堆人过来，看到底发生了什么事……多一些人一定有帮助。

这也正是优步驾驶和其他零工经济工作的问题：一切归于冷冰冰的原子化作业，根本没有任何伙伴。只有你一个人困在金属壳子里，全听算法指示，在城市中到处游荡。与其说是自主，不如说是孤立。你有更多个人空间，却像阿曼说的，感觉“只是一些数字”。

“对他们来说，我不是人，只是数字。”阿曼留下这句话，我们便离开咖啡馆，散步走回各自的停车处。我们已经聊了一小时，该再次上路载客了。毕竟，如果车子不跑，你就没钱赚——有句商业上的病态格言就是这么说的。

-20-

根据经验，很多乘客都不想聊天。当然，你也不想强迫他们说话，要是司机像个太过热情的服务生，一直追问“今天餐点满意吗？”很可能会惨遭低分评价，不如闭嘴。

话虽如此，偶尔还是有乘客开口，问你对优步的看法如何。他们通常已经看过相关新闻，知道司机自雇身份认定的争论。“所以你们没有休息日，对吗？”某晚，我载上一位中年女士，到她家门前时，她问道。“可以休假，”我回答，“但休息时他们不会付工资。”“那也太辛苦了！”她不敢置信地回答。

就算呈现事实，我想，多数人也不愿意相信。毕竟，以自雇为业就要丧失劳工或受雇人的权益；但相对的，你本应可以保有更多自由，算是有失必有得。

事实上，开始使用优步App开车后，每天什么时候出门、什么时候打开程序，我并没有太多自行决定的自由。目前，已有数宗进行中的劳动诉讼在争执零工经济中的劳工地位问题，“公民咨询”（Citizens Advice）认为，多达46万人被误认为自雇者。[21]这会导致纳税人每年损失高达3亿1 400万英镑的税收，以及雇主少支付的国家保险费，而且这些劳工无法享有前几代人辛苦争取来的权利。伦敦几家大型运输业者也利用自雇形态，将大部分营业风险转嫁到承揽人身上，其中一种有效手段是“补充满额人力”，确保顾客下订单时，附近就有骑手可以处理。

“快递公司系统内的订单都是同时大量来的，没人能送，所以他们以这种方法补足人力。”名叫史考特·卡德曼的骑手告诉我，并说，如果真的能忙起来倒无所谓。

“包裹比较少的时候，我们根本无事可做，却还是要出门。”史考特继续说道。

史考特在西区一家小型快递公司当骑手，他说这家公司“算比较不烂的苹果”。这工作可以让人忙得开心，也会让人闲得发慌，对于像史考特一样的快递员而言，总有其魅力所在。当了优步司机后，我理解了这种工作形态的优势：运气好，一天能赚100镑，可以弥补生意不好的时候，不用担心赚的钱太少付不起房租。如此一来，从事零工经济本身的诱因，类似吸引大家走进赌场或柏青哥的手法，提供无法预测的奖励刺激你，勾住你的心，把你拉回来。于是，你又把手伸进口袋，掏出钱来购买筹码，希望战胜机率、满载而归。就像玩老虎机，你虽然不确定自己是否能够获得回报，但会令人兴致高昂。

“感觉很刺激啊，一直接单，就像累积得分一样。”史考特向我坦诚说他有这种想法。

“知道自己一天可能赚超过200镑，想想就兴奋。一个人、一台车；用两条腿、一个运送袋，一击即中。感觉超爽。”

工作多的时候，史考特一天就得骑上60英里。有时候，送一趟货只要到几个街区外，骑五分钟的路程；有时候却得骑到市内的另一头。不少快递公司都采用单一费率，每趟送货支付2~3英镑，这就意味着你多骑几英里路也不会提高收入。身为自雇承揽人，快递员不受最低工资法规保障，就像我为优步开车，也不能主张相关权益。所谓自由，或许可以解释为打开自己钱包的自由，然后看见里面什么都没有，只有几团脏棉絮。史考特说，他有时工作一整个早上，赚的钱却只够买杯咖啡。

2012年11月，快递公司“都会疾送”（City Sprint）的执行长官派崔克·葛拉赫（Patrick Gallagher）向商用车杂志《车队新知》（*Fleet News*）表示：“如果工作按件而非按时计薪，他们就会认真工作。”这话倒是说得很实在。[22]都会疾送的骑手论件计酬，每次送货大约只能拿到3.5镑。尽管单件费率比较高，一小时大概还是得完成三件工作，才能在扣除必要费用后拿到足以正常生活的工资。结果，骑手在伦敦街头奔波送完几件货，拿到的钱也只能在酒吧里买份炸鱼薯条。

“大部分是这样。”我向史考特请教快递员在论件计酬的情形下，一周的收入波动情况，他便给了我上述答案。

“有些人愿意接急件。我昨天遇到一个人，非常满意他的新工作，他说开始自雇以后，他能应付所有支出和税款，一天大概赚60英镑。”史考特不断强调这数字——“60镑啊！”

结算每单收入后，有时扣完了就没剩多少钱。当优步司机正是如此利润微薄，一星期的租车费用至少200英镑，还要加油、洗车，违规停车罚单也是额外开销。因此，有些司机工时长得吓人，仍然只能维持收支平衡。最初，优步似乎还乐见其成，在网站上公开鼓励司机一周工作65个小时。[23]为了过日子，很多骑手间培养出了独特的同行情谊，彼此扶持。工作上虽然是独立作业，但他们会约出去一起喝酒，举办搞笑赛车比赛，有好处总是想到这些同伴，有些人还住在一起。在我和史考特碰面的地点附近，就有不少骑手在此合租公寓。

“是生活辛苦才让我们培养出这种感情……好吧，可能跟饮酒文化也有关系，”史考特说，“以前骑手都会去酒吧，现在去不起了，只能在卖自行车和卖酒的商店前面碰面……买几罐啤酒，在巷口就喝起来。”

这种共患难的感觉，很像我在南威尔士见证过的矿工情谊。“我们会让各位都培养出‘特雷迪加’（Tredegar-ise）精神。”20世纪40年代，安奈林·贝文创立英国社会保障制度时，曾发表讲话，他的意思是要将“特雷迪加工人医疗互助会”（Tredegar Workmen's Medical Aid Society）的原则拓展到全英国。此互助会是由健康的人捐款，资助有病痛的人就医。“伦敦骑手紧急救难基金”（LCEF, London Courier Emergency Fund）则采用自助付费系统，方式大同小异。这个基金由从业者自行经营，只供骑手使用，在骑手因伤超过两周无法出门送货时，可提供至少150英镑的救助金。若情况特殊，也可能给付更高金额。基金平日以贩卖商品为收入来源，全年各季也会举办比赛与活动来筹措资助。

"假如整个星期都下大雨还要出门送货，或者摔进窨井里，砰，工作就别想干了，然后没钱过日子。"史考特才22岁，说话的口气却已愤世嫉俗起来。

不过，随着我继续探索临时工的世界，史考特的话反而显得越发真实。这世界经过重新包装，表面上看来迷人又新潮，实情却并非如此。我与另一位名叫丹的骑手交谈，他说他曾因手臂韧带受伤被迫休无薪假。为了在无法工作时维持生活，他去申请了"就业支持补助"（ESA, Employment and Support Allowance）和房屋津贴，好支撑到能回去骑车。据美国快递界人士预估，若企业不雇用员工，改用独立承揽人完成工作，最多可降低25%的直接成本[24]。这些成本中，至少有一部分转嫁给了国家，也就是压到纳税人和其他劳工身上。由于许多从事零工经济者的收入微薄，一旦有病痛只能申请社会救助。因此，纳税人就被剥了两层皮——第一次是雇主减少原本需缴纳的国民保险费，转由纳税人负担更多支出；第二次是零工人力有需求时，只能向国家求援，这时所发放的津贴当然是来自个人税收。从个人角度来看，冒险放弃基本劳工权益，应当换来所谓的美好工作弹性。理论上，像史考特这样的工作形态，应该能同时在好几家快递公司接单。我提出这点后，他却笑了起来。

> 那样的话，你要随时待命，同时应付好几家公司。这真的不怎么样……你可以想象一下，那会变得很尴尬。你从优步接一单，然后都会疾送也有一单，两单在相反方向，你要怎么办？要推掉哪一边？会有什么问题？如果推掉都会疾送的，下星期调度员就可能找你麻烦；如果推掉优步的，你知道的，可能被禁止接单。所以你说的这种方法不太实际。

看起来厉害的程序算法，真的能给人“自由”和“自主”，可以拒绝不同快递公司的工作吗？我也问过丹的看法，他直接回答我：“没这回事儿。”

> 我听过好几次有人被公司威胁，说再拒绝接单，就解雇他们，也有人确实是这样被踢掉的……这太诡异了，怎么会是解雇呢……我是说，我明明是自雇，我就是自己的老板啊！

零工经济中，劳工究竟是属于自雇还是平台受聘员工，最后还是要交由法院论断。不过，我总觉得有很多假信息排山倒海而来，不仅误导通过App接单的用户，也影响大众对“零工”经济本质的看法。我想，若是今天那些大力赞颂零工经济的人，哪天自己做起维持整个伦敦运转的“低贱”工作，可能也会痛苦地跪倒在地，又累又病，卧床不起。

尽管从事零工经济的承揽人已经心生不满，记者与评论家似乎却更认同虚言，主张劳工权益与所谓的“自主”和“弹性”

势不两立。有一次，客人下车后我坐在车中，听到有个人在广播电台里发表意见，讲的就是这一套：就是个状似理性中立客观的电视名嘴，主张司机其实不需要最低时薪保障，因为我们更重视工作上的弹性。这番话把争取快递员、司机和乘客权益的行为，通通打成多管闲事，说这本质上是在剥夺劳工自由。其实，将“劳工权利”与“工作弹性”错误二分的论调，正是从部分企业直接散布出来的。户户送创办人威廉·舒（William Shu）便曾批评英国法律混淆户户送骑手的地位，说骑手本就不该享有劳工与受雇人的相关保障。2017年年初，舒向美国网络媒体“Buzz Feed新闻”表示，户户送“当然乐意提供更多权益和安全”，但那样的话，骑手就不能决定自己的工时，丧失原本的“工作弹性”。“简单说来，就是如此，”他很有自信地加上一句。[25]劳工权益与工作自主之间，本无须划清界限，所谓的“工作弹性”本身就是个令人起疑的概念。2016年，法院判决法拉尔与阿斯兰胜诉，优步此后不能再将当事人归为自雇驾驶。判决结果出炉后，优步当时的英国区经理贝雀立即表示，多数优步司机都不想被归为劳工，希望保有“自雇身份，做自己的老板”。

“绝大多数通过优步App接单的司机都想保有自由和弹性，自己决定什么时候出去载客，去什么地方载客，”贝雀补充道。换句话说，我们得到的信息是：若司机取得劳工身份，最初吸引那么多人使用优步App的优点便会凭空消失。你要不乖乖接受自己的自营业者身份，加入其他孤军奋战、孤立无援、自力更生的独自营业者行列；要不就成为打卡上班、工时固定的受聘员工，公司叫你做什么就得做什么（某种程度上，自雇从业者现在也是这样）。

不过，贝雀的说法像是在主张爱吃香蕉的人无须拥有香蕉园，前后逻辑不太通顺，因为它们本就风马牛不相及，没有因果关系可言。不必深究暗沉繁复的劳动法规世界，便可以找到许多临时工、自由接单和自雇者拥有劳工身份的实例，他们照样享有带薪休假等权益。许多临时工也同时保有自主权和特定法定权利，两者之间也未曾产生激烈冲突。比如2002年的一个经典案例，当事人是一位自雇细木工，专接某家建筑公司的单子。虽然当事人自备工具、自行纳税与支付国家保险，法院最后仍判定他具有劳工地位。[26]

根据法院定义，只要是基于雇佣契约（或暗示雇佣目的之契约）而工作者，且无权差使他人实行自己之工作内容，即属“劳工”。劳工也并非个人职业或业务之客户或顾客。在最近三起牵涉优步、都会疾送与“平立科管线工程*”（Pimlico Plumbers）的诉讼案件中，法院也将所谓的“独立承揽人”认定为劳工。一方面，因为法律缺少明确定义，目前雇主可以逃避该负的责任；就像有人说过的，“有些人就是不喜欢为自己负责”，另一方面，雇佣法规也要求个别劳工主动起诉，行使救济权，法院判决不会自动适用到同产业的所有人身上。

我确定，零工经济的劳工通常都喜欢工作上的弹性和自由，乐于自行决定工作内容和工作时间——但前提是工作得有意义。绝大多数时间，我的情况确实符合。如果我很闲，我看心

---

* 英国著名水管维修公司。

情决定是否开工，这份自由的确快乐。能够自行关闭App暂停接单，不像之前的其他工作，连开小差都一定会被主管痛骂，相比之下，简直像呼吸到新鲜空气般宜人。

但是，真正自己经营事业的人，想必也有权利决定要接什么工作，并推掉属于报酬递减*（Diminishing Returns）的工作。你也会猜想，如果接到困难的工作，他们是否也能自行设定费率，获得合理报酬？如果无法决定费率，那他们就应该获得法律保障，基于受企业控制、指挥与监督的身份，享有相应权利。

那么，优步司机通常有多少收入？

如果我说“看情况”，显然是个老套的回答。不过，我确实认为，要摸索出特定趋势是有可能的，据此，能证明部分优步司机对收入的不满所言非虚。即使每个人出门载客的时间长短不一，抱怨也不是空穴来风。优步声称合作的司机“伙伴”一小时平均可赚取16英镑，实际上，在扣除必要费用后，我赚的比这稍微少了些。

诸多因素影响着你的收入：租车或自备、车辆型号、出门载客的时段、居住地区、碰上订单爆满的运气以及接到多少UberPOOL的订单，等等。

试计算：扣除必要支出前（此前还需再扣除优步从每笔车资中抽取的25%手续费），每周以工作40小时计算，约可赚670英镑。当然，这和实际情况总有出入，但我本身应该不算特别优

---

* 经济学术语，意指相同条件下，消费增加，每单位获得的效用却减少，即付出越多，获得的满足却未等量增加。

秀或蹩脚的司机，只是很了解伦敦的人潮分布，知道什么时间该出门到哪里找乘客，所以这个估算应属合理。

如此，优步司机每月可赚2 905英镑，年收入约等于34 860英镑。然而这些数字的意义不大，因为你还没扣除每项必要费用，这绝不是实际收入金额。

要扣掉哪些费用呢？

首先，是油钱。保守估计，一星期加油费就得花掉70镑，一个月就是290镑。你还要洗车，要是不好好洗车，乘客会嫌车脏，评分会下降，所以一星期要花16英镑洗车。洗车费看起来很多，但在一星期开车40个小时的情况下，这不算什么，而且为了加快速度，我选择多花点钱，请两位洗车员人工洗车，再用机器清洗两遍。

其次，你一个月至少还会接一次罚单，像我第一天上路就被开了罚单。乘客会在各式各样的地方叫车——公交车专用道、圆环、公路旁——不巧，伦敦交通局正在取缔违规停车和其他交通违规行为。詹姆斯·法拉尔接受我的访谈时，告诉我交通局“从早到晚都在发驾照，随后马上派执法人员来，讲一大堆，什么过度拥挤的问题，最后只是要告诉你该罚多少钱”。每个月，你还得花100镑缴罚单，这还是基于小心守法的保守估计。

再次，除了车子本身的花费，使用手机额外数据流量，每星期也要再花五英镑。至于交通局年度检查与交通部半年一次的检查，一年下来也要耗费200英镑。但这些都不是最大头的开销，租车才是。我开的这辆福特Focus，每星期需要支付202英镑租车费，一年共计10 492镑，这还是当时车商的车库里费用最低的车型。租车费还有200英镑押金，因为我租车时够小心，先对车上本有的刮痕拍照存证，让车商没办法索赔，才拿回这笔钱。

乍看之下，直接买一辆车似乎更为合理，但很多司机都做不到一次性投入这么大的本金（别忘了，优步公布的数据里，许多司机都是贫困地区出身）。比方说，考虑到要在优步开车，最便宜也最省油费的车型大概是二手丰田Prius，差不多也需要花5 000镑，才能买到一部堪用一年以上的车。自己买车还得自行负担保险费用，一年另需3 000英镑，如果向车行租车，就交给车行烦恼吧。

最后，扣掉上述费用与缴税后，我一年有15 597英镑收入，看起来不多。尤其是要在伦敦生活，得自掏腰包修车、看病和度假，确实不算充裕。阿曼还说，家里两个孩子期中放假时，他会休假在家陪他们。

"所以，一年里总有几星期没法赚钱。"他说。幸好阿曼的太太也有工作，不过问题在于，他或我们大部分人都得从日常预算中挪出一笔钱，好应付突发状况。

以上估算都是根据UberX的标准订单收入计算的，费率如下：起步价2.5英镑，每英里1.25英镑，每分钟0.15英镑，扣除优步每单抽取的25%佣金，才是司机拿到的收入。

如果你只接UberPOOL的订单，优步会抽35%佣金，收入可能更少。可是别忘了，你没有权利对这些订单说不。入职培训期间，优步的人便明说我们得接这些订单，没得选择。

"我知道，有些司机伙伴不想用POOL，但POOL是派单的一部分，是伙伴签约的条款和条件里要求的，如果你一直不肯用POOL，系统就会通报……我们需要找出原因，知道你为什么不接这些单子。让伙伴上线的目的，就是让我们知道你可以接单、可以赚钱了。”詹姆斯告诉我，所有司机都“死命反对这东西……因为POOL做的就是……增加优步的市场，增加他们的利润和生产力，但对司机来说，都是反效果……”

在本书即将完稿之际，优步正好与交通局和司机起了冲突。2017年9月22日，交通局决定在优步执照到期后不再发放新执照，将导致优步无法在伦敦继续合法营运，但优步可再提起后续救济。交通局在声明中表示，优步“面对许多涉及公共安全疑虑的问题时，应对处理皆欠缺企业责任感”[27]，包含：优步通报重大犯罪行为并不确切；采用Greybull技术回避公有部门追踪优步程序；要求司机提供医疗证明与无犯罪记录的方式亦不合规定。数日后，优步便起诉争执交通局决定——亦即结果确定前，优步司机不会立刻失业——并且，公司似乎也愿响应交通局提出的几项疑虑，开始改变部分作为，毕竟若不加以理会，优步可能会被踢出手上数一数二赚钱的市场。

2017年，也有从事其他“零工”的人将不满之情呈上台面。7月，在两名摩托车外卖骑手遭泼酸攻击后，约有200名骑手集结在国会外发起抗议，他们多是与优食（UberEATS）和户户送合作的从业者。“拒绝泼酸攻击！”抗议人群不断重申，“遏止泼酸攻击、解决自行车盗窃案、终结摩托车犯罪案件！”[28]近年来，伦敦泼酸攻击案件大幅增加[29]，受害者包含骑摩托送货的外卖小哥，被怀有恶意的加害人盯上泼酸攻击后，抢劫车辆或财物。事件引发大量骑手的不安，决定上街抗议。

零工经济中，最举足轻重的部分都是由英国独立工人联盟（IWGB, Workers Union of Great Britain）的会员所从事。运输业的相关从业人员则多加入私人出租车司机联合工会——也是IWGB的分支。在我写作本书期间，IWGB正与户户送进行仲裁，有望促成零工经济的第一份团体协商协议。我访问了IWGB秘书长杰森·摩耶·李（Jason Moyer-Lee），询问他为何顾客也应关心零工经济的待遇问题，比如优步司机和餐点外卖员与业主签订了哪些条款与条件，他的答复让我难以忘怀。

> 重点是，如果我们不及早根除这类问题，随着零工经济形态不断发展……明天我们可能一早醒来，就发现再也没有任何劳工权利了。

不论是叫外卖、从酒吧叫车回家，或在等茶泡好时上网点击鼠标下订单的人——每个人都有可能是下一个。

后　记

打从一开始，我写这本书的目的，就并非想提出任何解决之道，只求吸引读者关注特定议题，最好能够改变大众通常的认知，推翻成见。我不是什么政治人物，也不懂如何拟定政策，但身为写作者，我想，我可以出去看看这世界，并尽可能确切地描述所见所闻，令文字更有价值。

最重要的是，一方面我想描述“中产英国”的优渥，一方面想写出那个阴暗、不安稳的低薪世界，写出房东的专横、老板的无良与劳工的绝望，我想呈现出两者之间的冲突。

有时，我遇见的人几乎要将我当作闯入者，一个从遥远陌生的阶级来的怪人。“你干嘛来这里？你看起来不像当拣货员的啊？”曾有个亚马逊的女同事问我。这话并无恶意，只是在她看来，依我这年纪，我显得异常健康、外表看上去太年轻，有种很英国人、很中产阶级的样子，不像是会来做这种工作的人。我的朋友也有类似疑问，不太相信我怎么能一直隐藏身份。并非我有名人相，我只是为了写作低薪主题而去搜集素材，肯定不会像公众人物一样被人认出来。他们指的是我的社会地位："难道，别人发现像你这样的人，竟然在做这些工作，都不会觉得奇怪吗？"

换句话说，某类人得到这样的工作待遇算是稀松平常，但若发生在另一类人身上就成了不太光彩的事。我早有亲身在两种世界间游走的经验，因为我成长的背景也不算优渥富足，距离奔波在仓库的黯淡人生也不过几步之遥。如今，我可能只找得到一份不稳定的工作，以此为唯一收入来源，甚至在我坐下来写这本书之前，我就已经知道，要落入低薪世界是多么轻易的事。我发觉，在阶级梯阶上，很多人只站在稍高几阶处便心生优越，但优越不过虚妄。能使个人在社会上产生优越感的所谓"才能"，跟前首相卡梅隆说出"我想我能做得不错"的自信，两者都没多少斤两可言。

本书描述的许多现象之所以发生，是因为精英主义的信条广为接受，许多人相信应由能力卓越的少数人来管理社会。从精英主义的角度来看，政治人物有责任鉴别人的优劣善恶，像圣经所说的"区分出山羊与绵羊来"。如果某人欠缺好工作所需的才干，那么他活该得到一份烂工作，前途无望。我们所用的整套政治语汇里——包含社会流动、天资聪颖但家境清贫的孩童、精英教育的文法学校——这些词汇专用于形容划拨少数的方式，同时也说明他们不会波及整个社会环境。

2017年，英国人针对文法学校所发生的争论，对这类问题而言可以说颇具启发性：要是哪个孩子在11岁的中学入学考中失利，可能一辈子都得做无趣、缺乏成就感的工作，而大众似乎颇能接受这套“一试定终身”的机制。只有在遇到某个“天资聪颖，可惜家境清贫”的孩子考试失常时，才会引起讨论。至于其他顺利通过的人，则是想做什么就做什么，前途任君挑选。择优录取的制度也可理解为一种保守思想的实践，希望运用科学方法来剥削他人，坚信人类各因其价值而归类于阶级中的位置，且阶级永世不变——精英在最上层，概念上可归为流氓无产阶级的一群人，则落入最底层。

我们当今生活的年代既艰困又冷漠，一部分是因为近几十年来，横扫全球的民主化浪潮所致。柏林围墙倒塌象征人类从极权统治中重获自由，同时也释放出资本主义格外致命的破坏力。悲观主义者或许认为，苏联解体后，资本主义国家不再担心社会主义东山再起，也便不再优待穷苦劳工。

总体来说，英国还不算是“不宜居”的国家。不慎失言，也不怕半夜有人登门造访，请你跟他们走一趟。想寄封信，通常也能寄达目的地，不怕信件失踪。选举投票仍有意义，不是做做样子而已。如果病了，也总有人照料。要是父母有点资产，出生在英国算是更加幸运，比世上很多地方都强。不过，若是你选错出生地，或者资源有限、选择不多，那么日子也会很难过。

市场机制不能保证人人生活无虞，辛苦工作也未必见得能改善生活。现代生活造成原子化的个人处境，破坏了传统安全网，又暗中削弱固有的协调机制，有时或许还让个体挣扎的更为困苦。如果自由真的有意义，那必定是指所有人都能生活得有尊严，而非让日渐壮大的消费阶级来指挥另一阶级。即便偶有能向上爬的梯子出现，提供机会令少数幸运儿翻身，成为小说《时光机器》中在地面上享福的埃洛依人，普遍的自由仍应是我们毕生的追求。

我们大多数人都无法幸运翻身，迟早得选一边站，因为人生并非只是由独立发生的事件所串成，互不牵连，也不是6 500万人盲目跟从一套可靠的经济“法则”，就能让所有人都过上好日子。事实是，生活即斗争，是彼此竞争的因素互相角力，总会有一方占了上风，终而胜出。

注 释

第一部 鲁吉利

1. 作者听到的对话, 24 March 2016。
2. 同事的说法, 23 March 2016。
3. 同事的说法, 3 April 2016。
4. 同事的说法, 24 March 2016。
5. https://archive.org/stream/principlesofscieOOtaylrich#page/40/mode/2up.
6. http://www.bus.lsu.edu/bedeian/articles/MostInfluentialBooks-OD2001.pdf.
7. 主管的说法, 24 March 2016。
8. http://www.hemeltoday.co.uk/news/worker-suspended-over-suckers-slur-l-5382838.
9. 上工第一天的对话, 15 March 2016。
10. 作者访问克里斯, 16 April 2016。
11. http://amazon-operations.co.uk/the-complete-package/about-our-fulfilment-centres.
12. https://www.ft.com/content/90fb85a8-ff5d-lle6-8d8e-a5e3738f9ae4.

13. http://www.ft.com/cms/s/O/Od4434d6–fbe3–lle5–b3f6–lld5706b613b.html#axzz4AJgkDRug.

14. http://www.thisismoney.co.uk/money/mortgageshome/article–3464221/Propertyearns–two–five–workers–Average–house–price–rise–exceeds–38–salaries.html.

15. http://www.insse.ro/cms/en/content/earnings–1991–monthly–series.

16. http://www.ilivehere.co.uk/statistics–rugeley–staffordshire–33040.html.

17. https://campaign.goingtowork.org.uk/petition s/amazon–co–uk–work–with–gmb–togive–temp–workers–a–decent–job.

18. 作者访问克莱尔, 22 April 2016。

19. 主管的说法, 23 March 2016。

20. Transline窗口的说法, 8 April 2016。

21. 作者目击的事件, 25 March 2016。

22. 作者听到的对话， 31 March 2016。

23. http://www.expressandstar.com/editors–picks/201 5/03/04/in–pictures–pit–sites–afterthe–mining–years/.

24. https://www.thesun.co.uk/news/1246497/sports–direct–founder–mike–ashleyaccused–of–running–a–gulag–after–mp–grilling/.

25. 作者访问艾利克斯, 7 April 2016。

26. 作者访问艾利克斯, 7 April 2016。

27. Ruth Cherrington, Not Just Beer and Bingo! A History of

Working Men' s Clubs,AuthorHouse, 2012.

28. http://www.bbc.co.uk/history/domesday/dblock/GB-404000-318000/page/5.

29. 杰夫的说法, 7 April 2016。

30. http://www.mirror.co.uk/money/youll-work-81-same-retirement-7472990.

31. http://www.theguardian.com/money/2012/jun/13/number-working-pensioners-upons.

32. http://www.expressandstar.com/news/2011/09/1 7/rugeley-amazon-swamped-withjob-applicants/.

33. http://www.centreforcities.org/wp-content/uploads/2015/03/15-03-04-A-Centuryof-Cities.pdf.

34. Transline窗口的说法, 1 April 2016。

35. 亚马逊窗口的说法， 1 April 2016。

36. http://www.dailymail.co.uk/news/article-2304042/Iain-Duncan-Smith-right-You-CAN-live-just-53-week-says-cash-strapped-teacher-Kath-Kelly-survived-year-1-day.html.

37. https://www.jrf.org.uk/report/minimum-income-standard-uk-2015.

38. 作者访问诺尔贝， 20 April 2016。

第二部 黑谭

1. 同事的说法, 25 August 2016。

2. 作者访问罗雪儿，29 September 2016。
3. http://www.skillsforcare.org.uk/Document-library/NMDS-SC,-workforceintelligence-and-innovation/NMDS-SC/State-of-2014-ENGLAND-WEB-FINAL.pdf.
4. 维基于培训第一天的言论，25 July 2016。
5. http://www.skillsforcare.org.uk/Document-library/NMDS-SC,-workforceintelligence-and-innovation/NMDS-SC/State-of-2014-ENGLAND-WEB-FINAL.pdf.
6. 作者访问海柔，19 September 2016。
7. http://www.blackpoolgazette.co.uk/news/homelessness-worse-than-in-parts-oflondon-l-7864998.
8. https://www.theguardian.com/society/2016/sep/28/eviction-by-private-landlordmaking-record-numbers-homeless-in-uk.
9. http://www.lythamstannesexpress.co.uk/news/suicide-rate-in-resort-is-uk-s-fourthworst-l-7732342.
10. https://www.theguardian.com/money/2016/aug/09/england-one-in-three-familiesone-months-pay-losing-homes-shelter-study.
11. https://www.housing.org.uk/blog/the-fall-and-rise-of-homelessness-in-the-uk/.
12. http://www.skillsfo rcare.org.uk/Document-library/NM DS-SC,-workforceintelligence-and-innovation/NMDS-SC/State-of-2014-ENGLAND-WEB-FINAL.pdf.
13. https://www.kings fund.org.uk/projects/time-think-differently/

trends-workforcesocial-care.

14. http://www.mbs.ac.uk/news/research/people-management-organisations/wheredoes-the-money-go-when-your-local-authority-pays-more-than-5001-per-week-fora-care-home-bed/.
15. 作者访问海柔, 19 September 2016。
16. 作者访问同事, 25 August 2016。
17. 作者访问同事, 25 August 2016。
18. http://www.ageuk.org.uk/latest-press/age-uk-pilot-programme-shows-greatpromise-in-reducing-loneliness/.
19. http://www.telegraph.co.uk/news/health/elder/9011050/Half-of-care-homere sidents-exposed-to-medication-errors.html.
20. http://dera.ioe.ac.uk/28575/1/CBP-7905_Redacted.pdf.
21. 作者访问罗雪儿, 29 September 2016。
22. 艾伦·维德的说法, 29 July 2016。
23. 作者访问盖兹, 15 August 2016。
24. https://www.gov.uk/government/uploads/system/uploads/attachment_data/file/34791 5/Elitist_Britain_-_Final.pdf.
25. http://www.bmstores.co.uk/news/bandm-celebrates-opening-of-500th-store.
26. http://www.telegraph.co.uk/finance/newsbysector/retailand-consumer/6570626/.Woolworths-the-failed-struggle-to-save-a-retail-giant.html.
27. https://www.streetcheck.co.uk/postcode/fy15ee.

28. https://www.blackpool.gov.uk/Your-Council/The-Council/Documents/Child-Poverty-Framework.pdf.

29. William Hutton, A Description of Blackpool in Lancashire Frequented for Sea Bathing, Pearson and Rollason, 1789.

30. 作者访问艾登，17 August 2016。

31. http://news.bbc.co.uk/1/hi/uk/5 260652.stm.

32. http://www.lancashire.gov.uk/lancashire-insight/economy/employment-surveys/sector-c-manufacturing-plus-focus-on-arospace.aspx.

33. http://www.parliament.uk/business/committees/committees-a-z/commons-select/communities-and-local-government-committee/news-parliament-2015/adult-socialcare-full-report-published-16-17/.

第三部　南威尔士谷地

1. https://www.theyworkforyou.com/debates/?id=2013-06-27a.566.0.

2. https://www.ifs.org.uk/uploads/publications/wps/WP20143 1.pdf.

3. http://www.nuffieldfoundation.org/news/students-poorer-backgrounds-do-less-welluniversity.

4. http://www.bbc.co.uk/news/education-33983048.

5. https://www.ft.com/content/6a8544ae-9d9e-11e4-8ea3-00144feabdc0.

6. https://www.unison.org.uk/at-work/energy/key-issues/call-

centres/.

7. http://www.bbc.co.uk/news/uk-363 89824.

8. 培训人员的说法，14 November 2016。

9. 作者访问“闪电”艾伦·普莱斯，14 December 2016。

10. http://www.nationalarchives.gov.uk/pathways/census/pandp/places/seng.htm.

11. http://www.nytimes.com/1984/11/14/world/macmillan-at-90-rouses-the-lords.html?mcubz=0.

12. https://beastrabban.wordpress.com/2016/06/04/the-miners-strike-and-times-editorcharles -moores-hatred-of-the-working-class/.

13. http://www.walesonline.co.uk/news/wales-news/miners -strike-five-monthssouth-6841329.

14. http://www.walesonline.co.uk/business/business-news/best-wales-contact-centreindustry-10987338.

15. http://www.walesonline.co.uk/business/business-news/bbcs-call-centre-givesdistorted-4705677.

16. http://citeseerx.ist.psu.edu/viewdoc/download?doi=10.1.1.502.9852&rep=repl&type=pdf.

17. http://www.dailymail.co.uk/news/article-2351291/One-people-town-antidepressants-Is-local-GPs-fear-benefits.html.

18. http://www.bbc.co.uk/news/uk-wales-35930158.

第四部　伦敦

1. https://www.theguardian.com/money/2017/j ul/03/one-in-seven-private-tenantspays-more-than-half-income-in-rent-study-finds.
2. http://news.sky.com/story/welfare-reforms-fuel-rise-in-homelessness-says-nationalaudit-office-11033248.
3. https://www.standard.co.uk/news/london/londons-3bn-ghost-mansions-foreigninvestors-are-using-capital-s-finest-homes-as-real-life-monopoly-9128782.html.
4. https://www.ons.gov.uk/employmentandlabourmarket/peopleinwork/employmentandemployeetypes/articles/trendsinselfemploymentintheuk/2001to2015.
5. http://www.telegraph.co.uk/finance/jobs/12106318/The-self-employed-willovertake-the-public-sector-with-the-gig-economy.html.
6. https://tfl.gov.uk/info-for/taxis-and-private-hire/licensing/licensinginformation#on-this-page-0.
7. https://www.theguardian.com/business/2017/apr/05/deliveroo-couriers-employeesmanagers.
8. https://www.judiciary.gov.uk/wp-content/uploads/2016/10/aslam-and-farrar-vuber-employment-judgment-20161028-2.pdf.
9. https://www.uber.com/sw-KZ/helping-cities/.

10. https://www.theguardian.com/business/2017/feb/06/uber-driver-mps-selectcommittee-minimum-wage.
11. https://w w w.nytimes.com/interactive/2017/04/02/technology/uber-driverspsychological-tricks.html.
12. https://www.nytimes.com/interactive/2017/04/02/technology/uber-driverspsychological-tricks.html.
13. 优步培训课程, 8 April 2017。
14. 优步培训课程, 8 April 2017。
15. https://www.ft.com/content/190f12c4-Od92-lle7-a88c-50ba212dce4d.
16. https://www.ft.com/content/c63f9500-1965-lle4-9745-00144feabdc0.
17. https://www.theguardian.com/technology/2016/oct/28/uber-uk-tribunal-selfemployed-status.
18. https://www.theguardian.com/technology/2017/nov/24/uber-to-take-appeal-overruling-on-drivers-status-to-uk-supreme-court.
19. 作者访问法拉尔, 21 April 2017。
20. http://www.standard.co.uk/news/transport/call-for-uberpool-to-be-banned-afterwoman-attacked-by-men-who-didnt-want-to-share-minicab-a3270581.html.
21. https://www.citizensadvice.org.uk/about-us/how-citizens-advice-works/media/pressreleases/bogus-self-employment-costing-millions-to-workers-and-government/.

22. http://www.fleetnews.co.uk/fleet-management/fleets-in-focus-citysprint/45492/page/3.
23. http://www.telegraph.co.uk/news/2016/04/30/fears-overexcessive-and-unsafe-65-hour-weeks-for-uber-cabdrivers/.As a point of comparison, the legal safety limit for a bus and lorry driver is fifty-six hours a week.
24. https://www.nytimes.com/2015/12/11/business/a-middle-ground-betweencontract-worker-and-employee.html?_r=2.
25. https://www.buzzfeed.com/saraspary/deliveroos-founder-says-he-cant-give-workersmore-rights?utm_term=.ncKlwpJWJ#.aaqepWx5x.
26. http://lexisweb.co.uk/cases/2002/november/flynn-v-torith-ltd.
27. https://tfl.gov.uk/info- fo r/media/press-releases/2017/september/licensing-decisionon-uber-london-limited.
28. https://www.theguardian.com/uk-news/2017/jul/18/acid-attacks-delivery-driversparliament-protest.
29. https://www.theguardian.com/uk-news/2017/jul/07/surge-in-acid-attacks-inengland-leads-to-calls-to-restrict-sales.